QINHEFENGYUN QINHECIYUN

沁河风韵系列丛书 主编|行 龙

沁河瓷韵

刘 辉|著

山西出版传媒集团 山西人民出版社

图书在版编目（CIP）数据

沁河瓷韵 / 刘辉著. —太原：山西人民出版社，
2016.7
（沁河风韵系列丛书 / 行龙主编）
ISBN 978-7-203-09474-6

Ⅰ. ①沁⋯ Ⅱ. ①刘⋯ Ⅲ. ①瓷器（考古）–山西省
–图集 Ⅳ. ①K876.32

中国版本图书馆CIP数据核字（2016）第102475号

沁河瓷韵

丛书主编：行　龙
著　　者：刘　辉
责任编辑：张慧兵
装帧设计：子墨书坊

出 版 者：山西出版传媒集团·山西人民出版社
地　　址：太原市建设南路21号
邮　　编：030012
发行营销：0351-4922220　4955996　4956039　4922127（传真）
天猫官网：http://sxrmcbs.tmall.com　电话：0351-4922159
E-mail：sxskcb@163.com　　发行部
　　　　　sxskcb@126.com　　总编室
网　　址：www.sxskcb.com

经 销 者：山西出版传媒集团·山西人民出版社
承 印 者：山西臣功印刷包装有限公司

开　　本：720mm×1010mm　　1/16
印　　张：11.5
字　　数：220千字
印　　数：1–1600册
版　　次：2016年7月　第1版
印　　次：2016年7月　第1次印刷
书　　号：ISBN 978-7-203-09474-6
定　　价：90.00元

风韵是那前代流传至今的风尚和韵致。

沁河是山西的一条母亲河。

沁河流域有其特有的风尚和韵致，

那悠久而深厚的历史文化传统至今依然风韵犹存。

这里是中华传统文明的孵化地，

这里是草原文化与中原文化交流的过渡带，

这里有闻名于世的北方城堡，

这里有相当丰厚的煤铁资源，

这里有山水环绕的地理环境，

这里更有那独特而深厚的历史文化风貌。

由此，我们组成"沁河风韵"学术工作坊，

由此，我们从校园和图书馆走向田野与社会，

走向风光无限、风韵犹存的沁河流域。

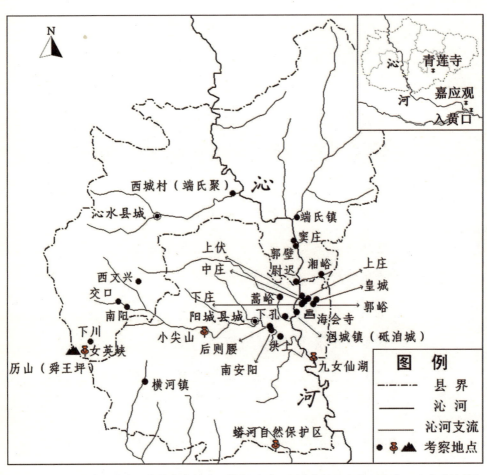

N

青莲寺

沁
河
嘉应观
入黄口

西城村（端氏聚）
沁
沁水县城
端氏镇
窦庄
上伏
郭壁
湘峪
上庄
中庄
尉迟
皇城
西文兴
下庄
嵩峡
郭峪
交口
阳城县城
下孔
海会寺
南阳
泗城镇（砥洎城）
下川
小尖山
女英峡
后则腰
洪上
历山（舜王坪）
南安阳
九女仙湖
横河镇
河

蟒河自然保护区

图　例
---------- 县界
———— 沁河
——— 沁河支流
● ⚐ ▲ 考察地点

"沁河风韵学术工作坊"集体考察地点一览图（山西大学中国社会史研究中心　李嘎绘制）

三晋文化传承与保护协同创新中心

沁河风韵 学术工作坊

一个多学科融合的平台
一个众教授聚首的场域

第一场

鸣锣开张：

走向沁河流域

主讲人：行龙

中国社会史研究中心 教授

时间：2014年6月20日晚7：30
地点：山西大学中国社会史研究中心（崇知楼）

"沁河风韵学术工作坊"海报

田野考察

会议讨论

总 序

行 龙

"沁河风韵"系列丛书就要付梓了。我作为这套丛书的作者之一，同时作为这个团队的一分子，乐意受诸位作者之托写下一点感想，权且充序，既就教于作者诸位，也就教于读者大众。

"沁河风韵"是一套31本的系列丛书，又是一个学术团队的集体成果。31本著作，一律聚焦沁河流域，涉及历史、文化、政治、经济、生态、旅游、城镇、教育、灾害、民俗、考古、方言、艺术、体育等多方面，林林总总，蔚为大观。可以说，这是迄今有关沁河流域学术研究最具规模的成果展现，也是一次集中多学科专家学者比肩而事、"协同创新"的具体实践。

说到"协同创新"，是要费一点笔墨的。带有学究式的"协同创新"概念大意是这样：协同创新是创新资源和要素的有效汇聚，通过突破创新主体间的壁垒，充分释放彼此间人才、信息、技术等创新活力而实现深度合作。用我的话来说，就是大家集中精力干一件事情。教育部2011年《高等学校创新能力提升计划》（简称"2011计划"）提出，要探索适应于不同需求的协同创新模式，营造有利于协同创新的环境和氛围。具体做法上又提出"四个面向"：面向科学前沿、面向文化传承、面向行业产业、面向区域发展。

在这样一个背景之下，2014年春天，山西大学成立了"八大协同创新中心"，其中一个是由我主持的"三晋文化传承与保护协同创新中心"。在2013年11月山西大学与晋城市人民政府签署战略合作协议的基础上，在征求校内外多位专家学者意见的基础上，我们提出了集中校内外多学科同人对沁河流域进行集体考察研究的计划，"沁河风韵学术工作坊"由此诞生。

风韵是那前代流传至今的风尚和韵致。词有流风余韵，风韵犹存。

沁河是山西境内仅次于汾河的第二条大河，也是山西的一条母亲河。沁河流域有其特有的风尚和韵致：这里是中华传统文明的孵化器；这里是草原文化与中原文化交流的过渡带；这里有闻名于世的"北方城堡"；这里有相当丰厚的煤铁资源；这里有山水环绕的地理环境；这里更有那独特而丰厚的历史文化风貌。

横穿山西中部盆地的汾河流域以晋商大院那样的符号已为世人所熟识，太行山间的沁河流域却似乎是"养在深闺人不识"。与时俱进，与日俱新，沁河流域在滚滚前行的社会大潮中也在波涛翻涌。由此，我们注目沁河流域，我们走向沁河流域。

以"学术工作坊"的形式对沁河流域进行考察和研究，是由我自以为是、擅作主张提出来的。2014年6月20日，一个周五的晚上，我在中国社会史研究中心学术报告厅作了题为"鸣锣开张：走向沁河流域"的报告。在事先张贴的海报上，我特意提醒在左上角印上两行小字"一个多学科融合的平台，一个众教授聚首的场域"，其实就是工作坊的运行模式。

"工作坊"（workshop）是一个来自西方的概念，用中国话来讲就是我们传统上的"手工业作坊"。一个多人参与的场域和过程，大家在这个场域和过程中互相对话沟通，共同思考，调查分析，也就是众人的集体研究。工作坊最可借鉴的是三个依次递进的操作模式：首先是共同分享基本资料。通过这样一个分享，大家有了共同的话题和话语可供讨论，进而凝聚共识；其次是小组提案设计。就是分专题进行讨论，参与者和专业工作者互相交流意见；最后是全体表达意见。就是大家一起讨论即将发表的成果，将个体和小组的意见提交到更大的平台上进行交流。在6月20日的报告中，"学术工作坊"的操作模式得到与会诸位学者的首肯，同时我简单介绍了为什么是"沁河流域",为什么是沁河流域中游沁水—阳城段,沁水—阳城段有什么特征等问题,既是一个"抛砖引玉",又是一个"鸣锣开张"。

在集体走进沁河流域之前,我们特别强调做足案头工作,就是希望大家首先从文献中了解和认识沁河流域,结合自己的专业特长初步确定选题,以便在下一步的田野工作中尽量做到有的放矢。为此,我们专门请校图书馆的同志将馆藏有关沁河流域的文献集中在一个小区域,意在大家"共同分享基本资料",诸位开始埋头找文献、读资料,校图书馆和各院系及研究所的资料室里,出现了工作坊同人伏案苦读和沉思的身影。我们还特意邀请对沁河流域素有研究的资深专家、文学院沁水籍教授田同旭作了题为"沁水古村落漫谈"的学术报告;邀请中国社会史研究中心阳城籍教授张俊峰作了题为"阳城古村落历史文化刍议"的报告。经过这样一个40天左右"兵马未动,粮草先行"的过程,诸位都有了一种"才下眉头,又上心头"的感觉。

2014年7月29日,正值学校放暑假的时机,也是酷暑已经来临的时节,山西大学"沁河风韵学术工作坊"一行30多人开赴晋城市,下午在参加晋城市主持的简短的学术考察活动启动仪式后,又马不停蹄地赶赴沁水县,开始了为期10余天的集体田野考察活动。

"赤日炎炎似火烧,野田禾稻半枯焦。"虽是酷暑难耐的伏天,但"沁河风韵学术工作坊"的同人还是带着如火的热情走进了沁河流域。脑子里装满了沁河流域的有关信息,迈着大步行走在风光无限的沁河流域,图书馆文献中的文字被田野考察的实情实景顿时激活,大家普遍感到这次集体田野考察的重要和必要。从沁河流域的"北方城堡"窦庄、郭壁、湘峪、皇城、郭峪、砥洎城,到富有沁河流域区域特色的普通村庄下川、南阳、尉迟、三庄、下孔、洪上、后则腰;从沁水县城、阳城县城、古侯国国都端氏城,到山水秀丽的历山风景区、人才辈出的海会寺、香火缭绕的小尖山、气势壮阔的沁河入黄处;从舜帝庙、成汤庙、关帝庙、真武庙、河神庙，到土窑洞、石屋、四合院、十三院；从植桑、养蚕、缫丝、抄纸、制铁，到习俗、传说、方言、生态、旅游、壁画、建筑、武备；沁河流域的城镇乡村，桩桩件件，几乎都成为工作坊的同人们入眼入心、切磋讨论的对象。大家忘记了炎热，忘记了疲劳，忘记了口渴，忘记了腿酸，看到的只是沁河流域的历史与现实，想到的只是沁河流域的文献与田野。我真的被大家的工作热情所感染，60多岁的张明远、上官铁梁教授一点不让年轻人，他们一天也没有掉队；沁水县沁河文化研究会的王扎根老先生，不顾年老腿疾，一路为大家讲解，一次也没有落下；女同志们各个被伏天的热火烤脱了一层皮；年轻一点的小伙子们则争着帮同伴拎东西；摄影师麻林森和戴师傅在每次考察结束时总会"姗姗来迟"，因为他们不仅有拍不完的实景，还要拖着重重的器材！多少同人吃上"藿香正气胶囊"也难逃中暑，我也不幸"中招"，最严重的是8月5日晚宿横河镇，次日起床后竟然嗓子痛得说不出话来。

何止是"日出而作，日入而息"，不停地奔走，不停地转换驻地，夜间大家仍然在进行着小组讨论和交流，似乎是生怕白天的考察收获被炙热的夏夜掠走。8月6日、7日两个晚上，从7点30分到10点多，我们又集中进行了两次带有田野考察总结性质的学术讨论会。

8月8日，满载着田野考察的收获和喜悦，"沁河风韵学术工作坊"的同人们一起回到山西大学。

10余天的田野考察既是一次集中的亲身体验，又是小组交流和"小组提案设计"的过程。为了及时推进工作进度，在山西大学新学期到来之际，8月24日，我们召开了"沁河风韵学术工作坊"选题讨论会，各位同人从不同角度对各选题进行了讨论交流，深化了对相关问题的认识，细化了具体的研究计划。我在讨论会上还就丛书的成书体例和整体风格谈了自己的想法，诸位心领神会，更加心中有数。

与此同时，相关的学术报告和分散的田野工作仍在持续进行着。为了弥补集体考察时因天气原因未能到达沁河源头的缺憾，长期关注沁河上游生态环境的上官铁梁教授及其小组专门为大家作了一场题为"沁河源头话沧桑"的学术报告。自8月27日到9月18日，我们又特意邀请三位曾被聘任为山西大学特聘教授的地方专家就沁河流域的历史文化作报告：阳城县地方志办公室主任王家胜讲"沁河流域阳城段的文化密码"；沁水县沁河文化研究会副会长王扎根讲"沁河文化研究会对沁水古村落的调查研究"；晋城市文联副主席谢红俭讲"沁河古堡和沁河文化探讨"。三位地方专家对沁河流域历史文化作了如数家珍般的讲解，他们对生于斯、长于斯、情系于斯的沁河流域的心灵体认，进一步拓宽了各选题的研究视野，同时也加深了相互之间的学术交流。

这个阶段的田野工作仍然在持续进行着，只不过由集体的考察转换为小组的或个人的考察。上官铁梁先生带领其团队先后七次对沁河流域的生态环境进行了系统考察；美术学院张明远教授带领其小组两赴沁河流域，对十座以上的庙宇壁画进行了细致考察；体育学院李金龙教授两次带领其小组到晋城市体育局、武术协会、老年体协、门球协会等单位和古城堡实地走访；政治与公共管理学院董江爱教授带领其小组到郭峪和皇城进行深度访谈；文学院卫才华教授三次带领多位学生赶去参加"太行书会"曲艺邀请赛，观看演出，实地采访鼓书艺人；历史文化学院周亚博士两次到晋城市图书馆、档案馆、博物馆搜集有关蚕桑业的资料；考古专业的年轻博士刘辉带领学生走进后则腰、东关村、韩洪村等瓷窑遗址；中国社会史研究中心人类学博士郭永平三次实地考察沁河流域民间信仰；文学院民俗学博士郭俊红三次实地考察成汤信仰；文学院方言研究教授史秀菊第一次带领学生前往沁河流域，即进行了20天的方言调查，第二次干脆将端氏镇76岁的王小能请到山西大学，进行了连续10天的语音词汇核实和民间文化语料的采集；直到2015年的11月份，摄影师麻林森还在沁河流域进行着实地实景的拍摄，如此等等，循环往复，从沁河流域到山西大学，从田野考察到文献理解，工作坊的同人们各自辛勤劳作，乐在其中。正所谓"知之者不如好之者，好之者不如乐之者"。

2015年5月初，山西人民出版社的同志开始参与"沁河风韵系列丛书"的有关讨论会，工作坊陆续邀请有关作者报告自己的写作进度，一面进行着有关书稿的学术讨论，一面逐渐完善丛书的结构和体例，完成了工作坊第三阶段"全体表达意见"的规定程序。

"沁河风韵学术工作坊"是一个集多学科专家学者于一体的学术研究团队，也是一个多学科交流融合的学术平台。按照山西大学现有的学院与研究所（中心）计，成员遍布文学院、历史文化学院、政治与公共管理学院、教育学院、体育学院、美术学院、环境与资源学院、中国社会史研究中心、城乡发展研究院、体育研究所、方言研究所等十几个单位。按照学科来计，包括文学、史学、政治、管理、教育、体育、美术、生态、旅游、民俗、方言、摄影、考古等十多个学科。有同人如此议论说，这可能是山西大学有史以来最大规模的、真正的一次学科交流与融合，应当在山西大学的校史上写上一笔。以我对山大校史的有限研究而言，这话并未言过其实。值得提到的是，工作坊同人之间的互相交流，不仅使大家取长补短，而且使青年学者的学术水平得以提升，他们就"沁河风韵"发表了重要的研究成果，甚至以此申请到国家社科基金的项目。

"沁河风韵学术工作坊"是一次文献研究与田野考察相结合的学术实践，是图书馆和校园里的知识分子走向田野与社会的一次身心体验，也可以说是我们服务社会，服务民众，脚踏实地，乐此不疲的亲尝亲试。粗略统计，自2014年7月29日"集体考察"以来，工作坊集体或分课题组对沁河流域170多个田野点进行了考察，累计有2000余人次参加了田野考察。

沁河流域那特有的风尚和韵致，那悠久而深厚的历史文化传统吸引着我们。奔腾向前的社会洪流，如火如荼的现实生活在召唤着我们。中华民族绵长的文化根基并不在我们蜗居的城市，而在那广阔无垠的城镇乡村。知识分子首先应该是文化先觉的认识者和实践者，知识的种子和花朵只有回落大地才有可能生根发芽，绚丽多彩。这就是"沁河风韵学术工作坊"同人们的一个共识，也是我们经此实践发出的心灵呼声。

　　"沁河风韵系列丛书"是集体合作的成果。虽然各书具体署名，"文责自负"，也难说都能达到最初设计的"兼具学术性与通俗性"的写作要求，但有一点是共同的，那就是每位作者都为此付出了艰辛的劳作，每一本书的成稿都得到了诸多方面的帮助：晋城市人民政府、沁水县人民政府、阳城县人民政府给予本次合作高度重视；我们特意聘请的六位地方专家田澍中、谢红俭、王扎根、王家胜、姚剑、乔欣，特别是王扎根和王家胜同志在田野考察和资料搜集方面提供了不厌其烦的帮助；田澍中、谢红俭、王家胜三位专家的三本著述，为本丛书增色不少；难以数计的提供口述、接受采访、填写问卷，甚至嘘寒问暖的沁河流域的单位和普通民众付出的辛劳；田同旭教授的学术指导；张俊峰、吴斗庆同志组织协调的辛勤工作；成书过程中参考引用的各位著述作者的基本工作；山西人民出版社对本丛书出版工作的大力支持，都是我们深以为谢的。

序　言

　　瓷器是中华民族智慧的结晶，也是古代中国对人类文明的伟大贡献之一。现有的考古资料显示，我国早在三千多年前的商代就已生产出所谓的原始瓷器；东汉中晚期，相对成熟的瓷器开始出现；魏晋南北朝和隋唐时期，制瓷手工业技术有了很大的提高；到了宋元时期，瓷业发展迅猛，各地瓷窑林立，烧造的瓷器品种琳琅满目；明清时期的制瓷手工业更可谓繁荣昌盛，制瓷工艺又有了改革创新，出现了脱胎、半脱胎器以及釉上彩与

图1　沁河流域山西区域水系示意图

釉下彩相结合等新的装饰技法。

　　沁河是黄河的一级支流，穿梭太行，绵延纵流。她发源于山西省长治市沁源县，在山西省境内流经临汾市安泽县，晋城市沁水、阳城和泽州等县（图1），穿越太行山进入河南省，经济源市和焦作市的沁阳市、博爱县、温县，于武陟县方陵村汇入黄河。做为山西省东南部的母亲河，她孕育了该区域悠久的古代文明和璀璨的历史文化。这里自古就是煤铁之乡、冶炼之都，名产名品灿若星辰、繁锦迭出。瓷器作为古代中国的伟大发明之一，在沁河流域山西区域同样闪烁着耀人的光彩，鉴证着交流的往事，诉说着兴衰的历程，蕴含着传承的魅力。

CONTENTS

目　录

一、窑火生辉

　　瓷器的美妙，令我们魂牵梦绕；窑火的神奇，引我们探索奥秘。瓷器被誉为"土与火"的艺术，而"窑"就是创造这些艺术品的"梦工厂"。烧造瓷器的地方是瓷窑，有时也简称为窑。古人曾经建造和使用过的瓷窑，一般被称为瓷窑遗址。狭义的瓷窑遗址主要是指烧造瓷器的窑炉，而广义的瓷窑遗址还包括练泥池、澄泥池、作坊址等与制瓷手工业相关的遗存。

　　早期并无专门的瓷窑，瓷器与陶器为同窑合烧，如商周时期的原始瓷器即与印纹硬陶同窑烧制。由于瓷器相比陶器需要更高的温度和工艺，随着制瓷手工业的发展，瓷窑便逐渐从陶窑中分离开来。制瓷窑炉的类型较多，按形制划分，有馒头窑、龙窑、阶级窑和蛋形窑等；按火焰走向划分，又可分为直焰窑、倒焰窑、半倒焰窑和平焰窑等。其中，馒头窑和龙窑最为常见，沿用时间也最长。一般说来，北方的平原地区多使用馒头窑，南方的山区、半山区多依山建造龙窑。从现有考古资料来看，山西省的古代制瓷窑炉均为馒头窑。

　　山西省是古代中国北方地区的制瓷重镇，拥有悠久的制瓷历史，很多古代瓷窑在史料方志中都有记载。从目前已公开发表的资料来看，在山西省境内发现的古代瓷窑遗址有60多处，具有地域分布广（由晋北至晋南）、延烧时间长（自唐代到清代）的特点。

　　已有的研究成果显示，沁河流域山西区域的制瓷手工业早在晚唐五代时期就已出现，宋元时期延烧，到了明清时期进入繁盛期，直至民国、新中国成立后还有烧造。这一区域跨越千年的窑火熠熠生辉，古代瓷窑及其产品也有着自身的韵味和风华，在山西省古代瓷窑体系中占据着一席之地。鉴于此，在山西大学"沁河风韵"学术工作坊的大力支持下，笔者和山西大学文物与博物馆专业2013级硕士研究生曹俊一行二人，于2014年11月对该区域的古代瓷窑遗址进行了考古调查。从方志记载、已有研究和本次调查结果来看，该区域古瓷窑址主要分布于晋城市城区、阳城县和泽州县。方志中也有关于长治市沁源县古代制瓷手工业的文字记载，不过目前在该地区发现的均为近现代瓷业遗存。

1. 晋城市城区

晋城市古称泽州、泽州府，位于山西省东南端，东、南依太行山，与河南省新乡、济源、焦作等市交界，西邻山西省运城市和临汾市，北邻山西省长治市。晋城市自古为兵家必争之地，素有"河东屏翰、冀南雄镇"之称。

方志史料中未见有关于晋城市城区古代制瓷手工业的文字记载，通过文物考古工作的不断开展，目前在晋城市城区共发现2处古代陶瓷窑址，弥补了文献记载的不足。

（1）晋城三彩窑

孟耀虎先生在《邢窑刻款罐三件及其他》一文中最早对晋城三彩窑址进行了简要介绍，后来又在《缚取南山白额儿：金代长治窑虎枕》一文中提及该窑址。据《邢窑刻款罐三件及其他》一文介绍，晋城三彩窑于2008年初发现，位于晋城市城区，当时窑址已暴露面积约三千平方米，地表散布三彩器、支具、灰渣及早期的绳纹陶片。

笔者对该窑的最初认识就是源于这两篇文章，不过文章中均未公布瓷器标本图片。2014年11月，我们在对晋城博物馆进行调研时得知，由于当年的基本建设，此处窑址已被破坏且地表无存。承蒙晋城博物馆程勇和安建峰两位副馆长的惠泽，笔者在该馆文物库房中见到了当年采集的窑址标本。

《邢窑刻款罐三件及其他》一文指出，该窑的主要器物标本为素烧器，可辨器形有执壶、盆、盏托、盘、罐和盂等。而晋城博物馆采集标本的器形可能要略少些，只有执壶、盆和罐等（图2），也是以素烧器为主。所谓素烧就是将未施釉的陶瓷坯体直接入窑烧造，主要作用是提高坯体的强度，以利于装饰等加工过程，进而减少损耗，唐三彩就是经过素烧后再施釉的。晋城博物馆采集的这批素烧器表面多施化妆土，胎体呈粉红色。化妆土是把细洁的瓷土加工调和成浆，然后施于质地较粗糙或颜色较深的瓷器坯体表面，主要起到美化瓷器的作用，故美其名曰化妆土。据考古发现，化妆土工艺最早出现于西晋时期，它的出现为扩大原料范围、提高瓷器质量以及制瓷手工业的普及起到了积极的推动作用。

图2　晋城三彩窑素烧器部分标本

据《邢窑刻款罐三件及其他》一文介绍，该窑的施釉产品有单色釉和三彩釉两大类，单色釉产品包含绿釉、黄釉、赭釉和黄绿釉（有的近白色）等品种，三彩釉包括外绿内白加绿斑、外黄内黄绿、外绿内三彩和内外黄绿釉绿斑等多种，绿釉、黄绿釉釉面较为匀净，其他则浓淡不一。不过，在晋城博物馆采集的施釉器物标本中（图3），只见有所谓黄绿釉的单色釉产品以及外绿内白加绿斑的三彩釉产品。这两大类施釉产品的胎体烧成温度较高，胎色有粉红、白色、青灰和土黄四种，以粉红胎最为常见。

图3　晋城三彩窑单色釉（右下）和三彩釉器物部分标本

　　晋城博物馆采集的窑具标本有三叉支钉和垫圈（图4）。窑具是指陶瓷器烧造时所使用的器具，主要以耐火黏土制成，大致可分为间隔具、支烧具、匣钵和试火具等。虽然晋城博物馆采集的这些窑具标本被分别称为三叉支钉和垫圈，其实它们都属于间隔具。三叉支钉是支钉的一种，在陶瓷器坯体焙烧时，放置于器物之间起间隔作用。而垫圈也是在陶瓷器焙烧时，放置于器物之间或器物与匣钵之间起间隔作用的窑具。垫圈一般以耐火黏土制作，呈环形，上、下面一般较平整，直径略等于或小于所承托器物的足（底）径。《邢窑刻款罐三件及其他》一文指出，该窑址采集的三叉支钉以高岭土为胎，有青灰、土黄和砖红色等。而在晋城博物馆所见的唯一一个三叉支钉属于土黄色胎，三叉较粗短，且支钉上还留有釉痕。此外，晋城博物馆采集的标本中还有擂钵等制瓷工具（图5），内壁饰有放射线状或同心圆式的凹槽，器底为平底略内凹。擂钵这类工具主要用于研磨颜料、釉料等，一般与擂杵或擂棒配合使用。

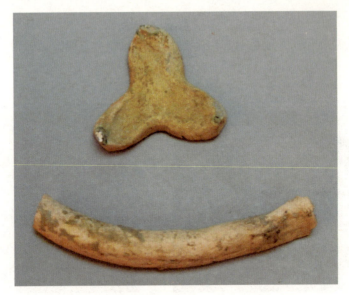

图4　晋城三彩窑三叉支钉（上）和垫圈（下）标本

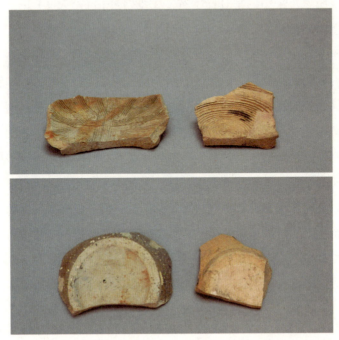

图5　晋城三彩窑擂钵标本（上图为内壁，下图为外壁）

从晋城博物馆采集的执壶和三叉支钉标本来看，执壶为短直流，具有唐代执壶的时代风格，而这种三叉较粗短的三叉支钉形制也具有唐代特点，所以该窑场在唐代就已烧造应该是没有问题的。孟耀虎先生在《邢窑刻款罐三件及其他》一文中判断该窑址的烧造时代在晚唐至五代时期，笔者对此论断表示赞同，并初步认为该窑址的盛烧期可能在晚唐时期。

另外，从晋城博物馆采集的这些标本来看，多数是有缺陷的素烧器残片。这应该可以表明三彩器在素烧的生产阶段，次品率还是比较高的，而这些残次品的主要表现形式有坯体的生烧和过烧。生烧也叫欠烧，主要表现为胎体发黄、硬度较差。晋城三彩窑素烧器标本中的土黄胎者即属此类。过烧则是指焙烧温度过高，导致产品膨胀变形、胎体发灰，该窑址素烧器标本中的灰胎者则属于此类。事实上，三彩制作程序委实复杂，举凡在原料采集、练泥、制坯、干燥、施化妆土、素烧、施釉、釉烧、开窑、搬运等任何一个环节中，稍有操作失误或控制不当，就会出现瑕疵或残次品。而晋城博物馆采集的这批晋城三彩窑残次品，真实地记录了唐三彩产品问世所要付出的代价，也为人们了解唐三彩的烧造等环节提供了难得的材料。

（2）中原街古瓷窑

根据《国家"十一五"时期文化发展规划纲要》，国务院从2007年4月至2011年12月组织开展了第三次全国文物普查，简称三普，历时近五年。晋城市中原街古代瓷窑遗址就是在山西省开展三普工作期间发现的，该窑址位于晋城市城区钟家庄街道办事处的中原街社区，瓷业遗存分布于其北侧的一处台地上（图6）。该台地西高东低，分布区域南北长约70米，东西宽约50米，面积约3500平方米。据三普资料介绍，当时在断崖处可以见到大量瓷片堆积，包含有碗、匣钵等残片，厚达2.5米。此外，在中原街社区内还发现了一座残存的窑炉，坍塌严重，残高约4.5米。据社区三教堂内的碑文记载，此窑炉时代为清代。

图6　中原街古瓷窑遗址面貌
（图片引自《山西文物地图集——山西省第三次全国文物普查成果总汇》）

2014年11月，我们到了晋城博物馆之后方才得知，由于基本建设的需要，近年来市政府对中原街社区进行了大规模改造，该处古瓷窑遗址的分布区域已被开辟为交通要道，地表遗存也早已全无。好在晋城博物馆的工作人员当时采集了一些窑址标本，甚为可贵。

从晋城博物馆采集的器物标本来看，其产品以白釉褐彩瓷器为主，还发现有酱釉和少量黑釉瓷器。所谓白釉褐彩，多被称为白地褐花，又叫白底褐花、白釉釉下褐花等，是在施有白色化妆土的素胎上，用褐彩绘画出简练的花纹，然后再施釉入窑一次烧成。烧成后纹饰呈现黑褐色，颜色深浅不一。酱釉是酱色釉的简称，是以铁为着色剂的高温釉，釉色如柿黄色或芝麻酱色，故名酱釉。黑釉瓷器是在青釉瓷器的基础上发明的，是指施黑色釉的瓷器。黑釉和青釉的呈色剂都是氧化亚铁，也均用还原火焰（即处于缺氧状态的火焰）焙烧。只不过黑瓷釉料中氧化亚铁的含量要高很多，一般在8%以上。

晋城博物馆采集的白釉褐彩瓷器的器形较为单一（图7），主要为碗，多敞口、斜弧腹、圈足。圈足是陶瓷器足部形制之一，造型为平置的

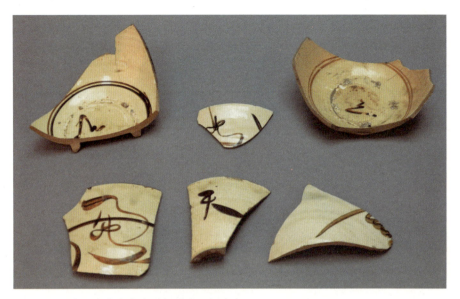

图7　中原街古瓷窑白釉褐彩瓷器标本

圆圈状，圈足有高、矮之分，足墙也有薄、厚之别。该窑的白釉褐彩瓷器以黄白胎为主，可能由于烧造温度不均，有的胎体局部呈灰褐色。此类器物多先施白色化妆土，再在化妆土上彩绘褐色花纹。内壁近碗底处常见褐彩勾勒的双线圈纹饰，圈内有的可见褐色彩绘写意符号。碗外壁多绘褐彩写意花卉或文字，画风较随意。内外唯足沿不施釉，其余皆满釉。釉色呈黄白色，釉面较平整、光洁。从部分瓷碗内底和圈足残留的装烧遗痕来看（图8），这些白釉褐彩瓷碗应该采用了石英砂作为间隔，一般称此种装烧方法为砂堆叠烧。砂堆叠烧的具体方法是先将石英砂放入匣钵内，在石英砂上仰放第一个碗，根据第一个碗圈足的大小，再在其内底放置五至六堆砂堆，然后把第二个碗的圈足落在砂堆上，依此类推装匣入窑烧制，最后在匣钵上扣放匣钵盖，一个匣钵就这样完成了盛装。为了增加产量，窑工们一般会再将这样的匣钵叠摞起来入窑烧造。匣钵也是陶瓷界的专业术语，是置放坯件并在焙烧时对坯体起保护作用的匣状窑具。这样可以避免烟火直接接触坯体，也可防止窑顶落砂等造成的侵扰，进而使坯件受热均匀、釉面洁净，由此便提高了产品的质量。匣钵多以耐火黏土制成，形状一般为筒形和漏斗形，也有的呈碗形、椭圆形和"M"形。此外，该窑有的瓷碗标本在烧造过程中形成了内底凹陷。这是一种装烧缺陷，一般可直接称其为"塌底"。

图8　中原街古瓷窑瓷碗标本内底（左）和圈足（右）残留的装烧痕迹

晋城博物馆采集的酱釉瓷器数量不多（图9），以碗为主，还见有罐。胎体均为土黄色，皆施釉不到底。酱釉瓷碗内底多刮釉一圈，一般称其为涩圈，由此可以判断其采用的装烧方法是涩圈叠烧。所谓涩圈叠烧是指瓷器在叠烧时，器物之间不使用起间隔作用的窑具，但为了避免器物间互相粘连，便先将一件器物内底心的釉料刮掉一圈，然后再把另一件器物的圈足放置其上，依此类推，器物内底心相叠处无釉，便称其成为涩圈叠

图9　中原街古瓷窑酱釉瓷器瓷碗和瓷罐（右下）标本

烧。酱釉瓷罐标本外底见有戳印纹饰,内壁不施釉,外壁施釉不到底。

此外,晋城博物馆还采集有一件黑釉矮圈足罐标本(图10),外壁不施釉,内壁满施黑釉,釉色黑亮,施釉不甚均匀。

图10　中原街古瓷窑黑釉矮圈足罐标本

整体来看,晋城博物馆采集的这批标本皆是山西地区明清时期常见的器形,部分标本或许可能晚至民国时期。由此,可初步判断该窑址盛烧期为明清时期,延烧至民国。

2. 阳城县

阳城县古称获泽,隶属于山西省晋城市,位于山西省东南端,地处太岳山脉东支,中条山东北,太行山以西,沁河中游的西岸。东与山西省泽州县相连,南与河南省济源市为邻,西与山西省垣曲、沁水县接壤,北与山西省沁水县搭界。

阳城县的制瓷历史悠久,窑业较为发达,方志史料中的相关记载也相对丰富(表一)。已有的考古调查结果表明,阳城东关村的窑畔沟(或称游畔沟)在宋金时期已经开始烧造瓷器。水既生先生在《山西古代窑具及装烧方法》一文中就介绍,在东关村窑畔沟调查发现有金代瓷器标本,其上还残存有粘钉痕迹。冯小琦先生在《山西地区古代瓷窑研究》一文也指出，阳城东关村外窑畔沟在宋代开始烧造瓷器。另据1999年出版的《晋城市志》记载，明万历十一年（1583），仅阳城县手工陶瓷产品年产约5万余件，主要产品有阳城罐、宜兴壶、缸、盘和碗等，明代陶瓷除一般制品外，琉璃器物在此时大放异彩，而源于元盛于明的珐华器具有特殊装饰效果和独特风格，也是该时期阳城陶瓷业的主要成就。阳城陶瓷业在清雍正四年（1726）产量开始大减，同治、光绪年间出现了生产、经营陶瓷的全兴号、日升号、顺和号，生产主要集中在后则腰村，鼎盛时期有瓷轮70余盘，工人300多名，年产瓷货35万件。《明清时期的阳城工商业》一文介绍，在丁戊奇荒（1877—1878 发生在中国大地的特大灾荒）后，阳城陶瓷业受挫，直到20年后，瓷轮才恢复到33盘，工人有140余名，年产量22万件。

表一

窑址所在地	志书	版本	撰修者	内　　容	备　　注
阳城县	《阳城县志》	乾隆	杨善庆（修）田懋（纂）	卷之四　物产·货之属：……其佳者，以着耳傍，常瑟瑟有声，于入药服饵，尤贵其瓮，土人谓之串口。串口唯阳城造者土坚不毁，他县所作用之即璺裂。古人烧炼药饵，贵阳城罐者此也。官之封穴也，并收其串子，稽其多少之数而亦封诸库，不许私作焉。	十六卷清乾隆二十年（1755）刻本
		同治	赖昌期（修）谭沄、卢廷菜（纂）	卷之五　物产·黑瓷：土范各器，炭火煅成。名繁，利用炼药。贵阳城罐者即此，远人挑贩络绎不绝。	十八卷首一卷清同治十三年（1874）刻本
	《阳城县乡土志》	"民国"	杨念先（纂修）	宝业。工：……瓷器匠四十四名。	一卷"民国"二十四年（1935）铅印本

　　说起阳城县的古代陶瓷，势必还要提及令人称道的阳城乔氏琉璃。琉璃这一称谓古已有之，只不过含义有所不同，所指物品也不尽相同。目前学术界对于琉璃这一名称的来源、内涵演变还存在着争议，尤其是对于所谓早期琉璃。有些人认为古代琉璃就是指玻璃，还有一些学者认为古代琉璃还曾有天然玉石的含义，也有学者认为古代琉璃是指施有琉璃釉的低温釉产品，正所谓一名多物。不过到了唐宋以后，尤其是元、明、清时期，琉璃这一称谓逐渐被琉璃瓦等施有低温釉的建筑构件所占用，这一点学界也基本达成了共识。当然，至今还有诸如淄博等地区仍然将玻璃称为琉璃，这一点是需要大家注意的。而本书所介绍的琉璃，是指施有琉璃釉的低温釉产品。

　　古代琉璃釉尤其是琉璃瓦等建筑构件的制作工艺，在古文献中多有记载。北宋成书的《营造法式》对当时琉璃釉的配制及琉璃瓦的烧制已作了较为详细的阐述："凡造琉璃瓦等之制，药以黄丹、洛河石和铜末，用水调匀（冬月以汤）……琉璃前一日装窑，次日下火烧变，三日开窑，火候冷至第五日出窑。"此后，明代的《天工开物》也对琉璃瓦烧制技术作了比较系统的介绍："其制为琉璃瓦者，或为板片，或为宛筒，以圆竹与斫木为模，逐片成造，……造成，先装入琉璃窑内，每柴五千斤烧瓦百片。取出，成色以无名异，棕榈毛等煎汁涂染成绿黛、赭赭、松香、蒲草等染成黄。再入别窑，减杀薪火，逼成琉璃宝色。"

　　现代意义上的琉璃釉是以铅为助熔剂，铁、钴、锰、铜等为着色剂，再配以石英等制成。釉色有黄、绿、蓝、紫、白等几种，多用于建筑构件、供器和日用器皿。早期胎体主要采用黏土，元代以后也有用高岭土作胎。琉璃器一般先烧制素坯，再施釉二次入窑低温烧成。此外，柴泽俊先生在《山西琉璃》一书中还认为：汉代的釉陶、唐宋辽金时期的三彩、元代的珐华等，都属于琉璃釉的范畴。诚然，这几类器物的釉料多以铅为助熔剂（一般认为珐华是以牙硝为助熔剂），也均系低温烧成，大体上属于同一类釉料。不过，现在是否可以将这些已有约定俗成之称谓的产品都统称为琉璃，笔者觉得还有待更多资料的支撑。

阳城罐也可说是名闻天下，很多史料方志对其亦有记载，古人编著的《扁鹊心书》《苏沈良方》和明朝李时珍的《本草纲目》等医药学著作中都有"炼丹用阳城罐"的记述。此外，清代不同刻本的《阳城县志》也都记录有阳城罐。清乾隆二十年（1755）刻本《阳城县志》卷之四·物产·货之属："……其佳者，以着耳傍，常瑟瑟有声，于入药服饵，尤贵其瓮，土人谓之串口。串口唯阳城造者土坚不毁，他县所作用之即璺裂。古人烧炼药饵，贵阳城罐者此也。官之封穴也，并收其串子，稽其多少之数而亦封诸库，不许私作焉。"清同治十三年（1874）刻本《阳城县志》卷之五·物产·黑瓷："土范各器，炭火煅成。名繁，利用炼药。贵阳城罐者即此，远人挑贩络绎不绝。"凡此种种，我们可以确定阳城罐多用于烧炼丹药。至于阳城罐的器形，古代史志文献中并无相关记载和图片。查阅近现代文献，阳城罐则多出现在医学典籍中。《中药炮制学辞典》书中有这样一段文字描述：阳城罐又称"嘟噜罐"，系煅药容器，是用耐火土烧制成的小型坩埚，煅药者一般均为罐型，故常称"阳城罐"，容量1.5升~2.5升，壁厚约0.5厘米，分大小两种，质重的药料用小型阳城罐，质轻的药料用大型阳城罐。对于古代阳城罐的材质，清乾隆二十年（1755）刻本的《阳城县志》中并未介绍，不过根据清同治十三年（1874）刻本的《阳城县志》将其收录在"物产·黑瓷"条下，可以推断古代阳城罐应该有瓷质的，且属于黑釉瓷器。

依据方志史料的记载，通过文物考古工作者的实地调查，目前在阳城县境内共发现3处较为重要的古代瓷窑遗址，这些窑址应该就曾烧造过琉璃和阳城罐。不过从现有的实物资料来看，烧造阳城罐和琉璃的古代窑址尚没有确切的考古发现（虽然在个别窑址分布区域的地表发现有琉璃器，但是还没有与之相关的窑炉或窑具的发现）。关于琉璃窑址尤其是建筑琉璃窑址的问题，柴泽俊先生在《山西琉璃》一书中特别指出，琉璃制件大多数是在建筑工地烧造的，主要是为了免除搬运之苦。当然阳城县还烧造一些小件的日用琉璃产品，只可惜这些窑址还未明确发现，也或许已随着岁月的流逝而被毁坏湮没了。

（1）东关村古瓷窑

东关村隶属于阳城县凤城镇，位于阳城县城东入口处，东关村就是以阳城县东城门而得名的。东关村距晋城市城区约60公里，毗邻获泽河畔，滨河东西路穿村而过，陵沁、晋阳、阳济、阳端和阳应公路横跨南北，五路环绕、交通便利、市场活跃，是阳城县最大的行政村之一，也可以说是阳城县的政治、经济、文化中心。

东关村古瓷窑的发现时间较早，山西省和北京故宫博物院的一些专家学者都曾对其进行过调查，并在窑畔沟（或叫游畔沟）发现有古代瓷窑遗址，可惜这些资料发布情况不甚理想。三普工作期间，晋城市文物考古工作者又对东关村进行了调查，并发现一处古代瓷窑遗址。据三普资料介绍，该窑址位于阳城县凤城镇东关村东北面。窑址分布于一个山坳间，东、西、北三面地势较高，南面略低，由东向西呈弧形分布（图11）。窑业遗存分布范围南北长约600米，东西宽约200米，分布面积约12万平方米。在各级台地的断崖上均可见窑业堆积，最厚处达2.5米，堆积内可见红烧土、炭化物碎块、灰渣、瓷片、残损器物（可能为窑具）等。地表也随处可见粗瓷片，还有少量陶片和琉璃残片，其中一片残破的碗底上有"大明成化年制"题款。此外，据称在该遗址东北方发现有成片的瓷土矿。

图11　东关村古瓷窑三普时遗址面貌
（图片引自《山西文物地图集——山西省第三次全国文物普查成果总汇》）

2014年11月，笔者在晋城博物馆文物库房中见到了三普调查采集的东关村古瓷窑址标本。器物品种主要有茶叶末釉瓷、黑釉瓷和酱釉瓷，此外还见有一些青花瓷和珐华釉器物。

三普调查采集的酱釉瓷器标本主要为鸡腿瓶（图12）。鸡腿瓶又称鸡腿坛，是辽金时期的典型器形。一般侈口外卷，溜肩，由于腹部修长形如鸡腿，故名鸡腿瓶。考古资料显示，北方地区辽、金墓葬中常有出土，辽代墓葬壁画中还有契丹人背负鸡腿瓶的场景，说明此类器物多为游牧民族所用。晋城博物馆采集的酱釉鸡腿瓶标本，口部和底部均有残破，从残存的底部仍能看出其为隐圈足，挖足较深。肩部为溜肩且刮釉一圈，上腹部有旋坯形成的凸弦纹数圈。施釉不到底，近下腹部至底部不施釉。釉面不甚光洁，发色深沉。胎体呈土黄色，胎质坚硬，杂质较多。根据鸡腿瓶上腹部和下腹部残留的窑具痕，笔者推测此类器物采用的装烧方法，应该就是水既生先生在《山西古代窑具及装烧方法》一文中所称的扣口垛烧

图12　东关村古瓷窑酱釉鸡腿瓶标本

（图13）。扣口垛烧的具体方法是把瓶按行列垛起来后，每件器物间用形似线轴的"工"字形窑具间隔，这样是为了防止相邻器物倾斜粘连在一起，而其肩部刮釉一圈，则是为了用小匣钵或相似的窑具扣住瓶口，之后直接置于明火中烧造。

彭善国先生在《辽代陶瓷的考古学研究》一书中研究认为，辽代早期鸡腿瓶的最大腹径略大于底径，个别腹径与底径相等，整体显稳重；辽代晚期至金代鸡腿瓶的最大腹径比较明显地大于底径。由此，三普调查采集的这件东关村古瓷窑鸡腿瓶标本的时代可初步判断为金代。

三普调查采集的青花瓷标本时代跨度

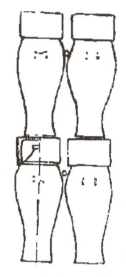

图13　鸡腿瓶扣口垛烧示意图

（图片引自水既生《山西古代窑具及装烧方法》，《河北陶瓷》1984年第4期，第52页）

图14　"大明成化年制"青花瓷标本

则较大，有明清时期的，也有近现代的。其中，明清时期青花瓷多为细胎。有1件青花瓷圈足内有"大明成化年制"款识（图14），书写不甚规范，当属江西一带的民窑产品。此外，还有1件青花瓷圈足内阳刻"阳城上芹瓷厂"款识（图15）。据《泽州的陶瓷与琉璃》一文介绍，后则腰村、演礼村、上芹村等地于1952年相继成立瓷业生产合作社，1968年上芹陶瓷厂生产的蓝花瓷碗属于晋城市传统名牌产品。因此，这件青花瓷标本应该是新中国成立后上芹陶瓷厂烧造的产品。

图15　"阳城上芹瓷厂"青花瓷标本

　　三普调查采集的黑釉瓷器标本数量不多，釉色以乌黑色为主，有的则呈灰褐色。胎体多为黄白色，还有少量灰白胎，质地坚致，杂质较多。可辨器形有碗和盆。其中黑釉瓷碗的内底均有涩圈一周，外底为矮圈足（图16）。黑釉瓷盆为直口微敛，竖腹微外鼓，唇部及口沿下腹部无釉（图17）。

图16 东关村古瓷窑黑釉瓷碗标本

图17 东关村古瓷窑黑釉瓷盆标本

　　三普调查采集的酱釉产品中，可辨识的器形有碗和罐（图18）。其中，酱釉瓷碗内底刮釉一圈，外壁施釉不到底，釉面光亮。酱釉瓷罐外壁不施釉，内壁满釉，平底内凹。

图18 东关村古瓷窑酱釉瓷碗（上、中）和瓷罐（下）标本

　　此外，三普调查采集的标本中还有一件珐华器残片。外壁施孔雀蓝及茄皮紫色釉，釉面剥落严重，仅存腹部，其上有模印纹饰（图19）。从其残存形制特点来看，笔者初步判断可能为一件方体香炉，属于祭祀所用供器。

　　2014年11月，在结束了对晋城博物馆的调研之后，我们又赶赴阳城县东关村对该地古瓷窑址进行了调查。不过东关村确实相对繁闹，开发力度也很大，在走访了当地多位村民之后，古瓷窑址所在位置依然模糊，一时确难找到。后来，在阳城县文物局吴阳科长的帮助下，我们很快就找到了东关村古瓷窑址所在地（图20）。只可惜该区域已被农田、菜园所破坏，地表已无窑炉遗迹，只有少量的瓷片、窑具等遗物（图21）。

图19 东关村古瓷窑珐华器物标本

图20 东关村古瓷窑遗址近状（2014年11月调查拍摄）

图21 东关村古瓷窑遗址地表残留窑具（2014年11月调查拍摄）

本次调查采集的瓷器标本中，主要为白釉和黑釉瓷器等。白釉瓷器对胎、釉的要求较高，胎和釉中的杂质都比青瓷要少，其中铁的氧化物含量只占1%，甚至不含铁。而后再以氧化火焰（即氧气充足、燃烧充分的火焰）烧成，胎体为洁白或施一层遮盖胎体颜色、杂质的化妆土，而釉色则是纯净而透明的。所以，白瓷所施的是透明釉，显示的是胎体的颜色，而不能将其理解为白色釉。

图22 东关村古瓷窑白釉瓷器标本

　　本次采集的白釉瓷器标本，釉色多呈白中略泛黄，釉层有细小开片，釉下多施化妆土（图22）。胎体坚致，多为黄白色，含有少量杂质。胎釉结合紧密，部分标本施釉不到底。可辨器形主要为碗，还有折腰盘。碗以敞口为主，还有少量侈口。折腰盘仅存口部和折腰部位，为侈口（图23）。本次调查只采集到1件碗底，为矮圈足，足墙外斜，足沿平切，足心平整（图24）。该碗底内外均未施釉，只在内壁残留有化妆土，外壁则未施化妆土，笔者初步判断其应为素烧器，类似于三彩器或琉璃。此外，该碗底内壁还见有旋坯时留下的痕迹（图25）。所谓旋坯又称利坯，是制坯过程中在旋车上操作的一道工序。旋车和拉坯车相同，只是中心多一木桩，桩顶浑圆，多裹以丝棉，旋坯前将坯体扣合于桩上，然后拨动轮盘使之旋转，再用刀旋削胎体，使之内外平整光滑。

　　本次在东关村古瓷窑址采集的这批黑釉瓷器标本，器形多为碗、盆等（图26）。釉色以黑色为主，也有因釉料差异或火候掌控偏差而形成的暗褐色。胎质较坚致，多为土黄色胎，还有少量呈灰褐色，胎体中杂质较

图23　东关村古瓷窑白釉瓷折腰盘标本

图24　东关村古瓷窑碗底标本

图25　东关村古瓷窑碗底标本的旋坯痕迹

多。瓷碗标本均为矮圈足，足墙斜削，足心有乳状突起，底径有大小之分，小者约为3.5厘米，大者约为7厘米。从采集到的碗底标本来看，均施釉不到底，且有向下流釉的现象，再结合瓷碗内底均刮釉一周，由此可判断此类瓷碗采用的装烧方法是涩圈叠摞仰烧（图27）。本次采集的黑釉瓷盆的标本数量不多，口部为尖圆唇斜出，断面呈梯形，有的口沿下部不施釉（图28）。

图26　东关村古瓷窑黑釉瓷器标本

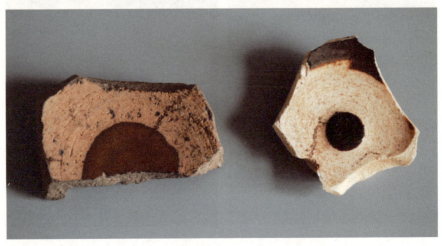

图27　东关村古瓷窑黑釉瓷碗外底流釉（左）和内底涩圈（右）

图28 东关村古瓷窑黑釉瓷盆口沿标本（2014年11月调查采集）

　　此次调查采集的窑具均已残缺，可辨识的有匣钵和垫圈（图29）。此外，还在东关村古瓷窑遗址分布区域采集到少许青花瓷片，均为明清时期。不过明清时期青花瓷器已相当普及，且属于地表采集而未见到相关制瓷工具，从其胎釉特征来看，可能为江西地区产品。

图29 东关村古瓷窑匣钵（左）和垫圈（右）标本

据《山西文物地图集——山西省第三次全国文物普查成果总汇》介绍，东关村古瓷窑的烧造时代为明代。不过根据三普调查采集的具有金代特色的鸡腿瓶标本，以及此次调查发现的具有宋金时代风格的白釉瓷器，应该都可以表明该处古瓷窑址的时代可以早至宋金时期。整体来看，东关村最迟在金代已经开始烧造瓷器，一直延烧至明清、民国。至于三普调查发现的这处古瓷窑遗址，是否即为老一辈学者们调查时提到的窑畔沟（或称游畔沟），笔者本次调查询问当地村民之后也未得到确切答案，不过该处窑址与前辈们先前调查发现的所谓窑畔沟瓷窑的始烧时代基本一致。此外，在调查走访当地村民时，有的老人还说清林沟曾烧制过瓷器。当时我们打算在调查完东关村古瓷窑遗址之后，再对清林沟进行一番调查，可惜后来由于时间不允许，清林沟的调查计划未能执行。

（2）演礼村古瓷窑

演礼村是演礼乡的下辖村，位于阳城县城西7公里，地处丘陵区。交通便利，民风淳朴，素有"五里庄"之美誉，是演礼乡政治、经济、文化中心。

演礼村古瓷窑不见于史志记载。据《山西文物地图集——山西省第三次全国文物普查成果总汇》介绍，山西文物考古工作者在第二次全国文物普查时已发现该处古代瓷窑遗址，当时采集有黑釉和白釉瓷片等标本，可辨器形有盘、碗和罐等，不过二普资料并未介绍该窑址所在位置、窑址面积和窑炉形状等。三普期间，文物考古工作者在阳城县演礼村调查时又发现了一处古瓷窑址，位于演礼村东北约30米。窑址主要分布在村东小河沟一带，东西长约100米，南北宽约60米，分布面积约6000平方米（图30）。据三普资料介绍，当时窑址残存窑炉4座。窑炉均为馒头窑，窑门系砖券形制。馒头窑是窑炉形制之一，因火膛和窑室合为一个馒头形的空间，故称馒头窑，也有人说是因其外形近似馒头而得名。馒头窑是北方地区流行的陶瓷窑炉形制，多由窑门、火膛、窑室、烟囱等部分组成。三普调查发现窑址中最大的一座窑炉高约5米，位于遗址东部，坐北朝南，其后还有2座窑炉。最小的一座窑炉高约1.5米，坐西朝东。这些窑炉的烧造时代均为清代，大多废弃于20世纪中叶。此外，三普期间在该窑址区域还发现窑洞5座。

图30　演礼村古瓷窑遗址局部
（图片引自《山西文物地图集——山西省第三次全国文物普查成果总汇》）

2014年11月，在吴阳科长的协助下，我们又调查了演礼村古瓷窑址。行驶在蜿蜒的山路上，运煤车呼啸而过，路虽顺畅但也有些惊险。到达演礼村后，三普时发现的窑址现已难觅踪影。在当地村民的指引下，本次调查又发现了一处古瓷窑址。

该窑址位于今演礼陶瓷厂东部偏北处，现存窑炉2座，呈南北排列，均为馒头窑，窑门系砖券形制。其中，北侧窑炉保存较好，坐西向东，为砖石混筑结构（图31）。整个窑炉有所下沉，窑门被砖块封堵，窑室内情况不明。窑顶外部用筒形匣钵垒砌，烟囱位于窑炉顶部南侧，保存较差。此处窑址时代尚不太明确，据村民回忆可能属于清末时期。在其西侧还有窑洞式建筑3间（图32），为拱券顶，皆以青砖砌筑。不过由于荒草丛生且没有发现任何遗物，只能初步判断其应属制瓷作坊，或与窑炉属共存单位，也或者要晚一些。

图31　演礼村古瓷窑遗址北侧窑　　　　图32　演礼村古瓷窑遗址北侧窑炉
炉（2014年11月调查由东向西拍摄）　　附近的窑洞式建筑（2014年11月调查由
　　　　　　　　　　　　　　　　　　　北向南拍摄）

（3）后则腰村古瓷窑

后则腰村隶属于阳城县凤城镇，位于阳济公路北侧，距离县城东约四公里，交通便利。

据《山西文物地图集——山西省第三次全国文物普查成果总汇》介绍，后则腰村古瓷窑址原有分布范围约1万平方米，有窑炉百余座，不过三普调查时大部分已被村落覆盖，当时窑址分布面积约1000平方米。三普调查时共发现窑炉6座（图33），时代为明代至民国。窑炉大小不一，均为砖石混筑馒头窑，窑顶呈穹隆形，正中设置1个烟囱。6座窑炉中最大的1座通高约5米，窑门朝南，窑门砖券高2.1米、宽1.8米，窑室宽4.6米、深4米。据三普资料介绍，该窑炉当年主要用来生产琉璃制品和粗瓷生活用品。还有一座窑炉坐东向西，通高约3米，砖券窑门高1.6米、宽1米，窑室宽3.5米、深2.5米。由三普资料得知，该窑炉当年主要生产绿货（即绿釉琉璃）。窑炉旁均建有窑洞，应是当年烧造器物所使用的作坊。

图33　后则腰村古瓷窑遗址部分窑炉（三普调查拍摄）

2014年11月，我们又对后则腰村的古窑址进行了调查。此次调查共发现窑炉12座，散布于村中民居之间。由于窑炉分布较为分散，兹将其地理坐标列于下表（表二）。

表二　后则腰村古瓷窑窑炉地理坐标统计表

窑炉	地理坐标（主要以窑门为测量点）
1号窑炉	北纬35° 28′ 36″，东经112° 27′ 38″
2号窑炉	北纬35° 28′ 47″，东经112° 27′ 35″
3号窑炉	北纬35° 28′ 52″，东经112° 27′ 36″
4号窑炉	北纬35° 28′ 52″，东经112° 27′ 36″
5号窑炉	北纬35° 28′ 53″，东经112° 27′ 36″
6号窑炉	北纬35° 28′ 52″，东经112° 27′ 36″
7号窑炉	北纬35° 28′ 50″，东经112° 27′ 36″
8号窑炉	北纬35° 28′ 40″，东经112° 27′ 40″
9号窑炉	北纬35° 28′ 38″，东经112° 27′ 35″
10号窑炉	北纬35° 28′ 36″，东经112° 27′ 36″
11号窑炉	北纬35° 28′ 35″，东经112° 27′ 34″
12号窑炉	北纬35° 28′ 36″，东经112° 27′ 34″

本次调查发现的各窑炉形制均为馒头窑，保存状况不一。有的已坍塌（图34），有的则作为房屋被再次利用之后又已废弃（图35）。保存相对较好的窑炉旁，也有三普时发现的窑洞式作坊（图36）。

图34　后则腰村古瓷窑遗址12号窑炉（2014年11月调查由南向北拍摄）

图35　后则腰村古瓷窑遗址11号窑炉（2014年11月调查由北向南拍摄）

图36　后则腰村古瓷窑遗址7号窑炉及其作坊（2014年11月调查拍摄）

　　此次调查采集的瓷器标本数量不多，可大致分为白釉和外黑釉内白釉两大类。可辨识的白釉瓷器标本为敞口碗，底足多系圈足，足墙平整（图37）。足心有旋削而成的细小乳状凸起，内底有涩圈一周（图38）。从采集的白釉瓷器标本来看，又有粗、细之分。其中，细白瓷釉色莹润，有细小开片；胎体白中泛黄，胎质坚致，胎釉结合紧密。粗白瓷白中泛黄，有较大开片，施釉不到底，下腹部及足墙处有流釉现象。

图37　后则腰村古瓷窑白釉瓷器标本

图38　后则腰村古瓷窑白釉瓷碗标本内底涩圈

外黑釉内白釉瓷器标本数量不多，其中还包括个别外酱釉内白釉的器物（图39），可辨器形均为碗。外黑釉内白釉瓷碗为敞口、方唇，口沿外侧有突棱，外口沿和内壁均施白釉，其余部位施黑釉，釉下皆施白色化妆土。外酱釉内白釉瓷碗口沿下刮釉一圈，内壁粘连有另一器物残片，为叠烧时粘连所致。

图39　后则腰村古瓷窑外黑釉内白釉（左）和外酱釉内白釉（右）瓷器标本

此外，本次调查采集的标本中还有一些底部凸起呈梅花状的窑具（图40），应系烧造大件器物所用。笔者初步判断可能是用于烧造瓷缸的支烧器。这些窑具的时代较晚，多见于清至民国时期。

图40　后则腰村古瓷窑窑具标本

根据笔者走访村中老人所获得的信息，再结合调查采集器物标本的形制，可以得知后则腰村各窑炉烧制的产品有所不同，有烧造瓷罐、瓷缸的，也有烧造瓷碗的，还有烧制琉璃的。依据这些器物标本和窑炉的形制特征，可初步判断该窑址的烧造时代也有早有晚，早的可至宋金（如调查采集的白釉瓷器标本），晚的则在清代甚至民国时期。

3. 泽州县

泽州县隶属于山西省晋城市，原为晋城市郊区，1996年改为现名。泽州县位于山西省东南端，太行山最南麓，晋豫两省交汇处，自古为三晋通向中原的要冲。南与河南省济源、沁阳、博爱和焦作等市县交界，北至界牌岭与山西省高平市毗邻，东与山西省陵川县相连，西与山西省阳城和沁水二县衔接。泽州县境内河流纵横，主要河流有沁河干流及其支流丹河。

史志中并未见有泽州县古代制瓷手工业的文字记载，经过文物考古工作者多年来的田野调查，目前在泽州县发现了3处较为重要的瓷窑，时代多在金元时期。

（1）冶底村岱庙古瓷窑

冶底村位于泽州县南村镇西南，东依晋普山，西接清化古道，北枕高岗岭，南沿冶底河。冶底村历史悠久，有着独特的资源优势，是首批省级历史文化名村，拥有全国重点文物保护单位——岱庙。

冶底村岱庙古瓷窑此前未曾见诸报道，所以我们最初并未将其列入调查计划。2014年11月，笔者在晋城博物馆文物库房中见到了该窑址的部分瓷器标本。从晋城博物馆采集到的标本来看，该窑产品主要为酱釉和茶叶末釉瓷器，器形均以双系瓶为主，还有少量瓷碗（图41）。双系瓶为直口，平沿，束颈，折肩，在颈肩之间安置泥条捏制的系耳，肩部以下均残缺。由于此类双系瓶的具体形制不明，所以其功能也不好判断，初步推测是供庙内人员盛水使用的器具。此外，还采集到少量窑具，以碗形匣钵为主（图42）。

据安建峰副馆长告知，此处窑址是在修葺岱庙过程中发现的，目前可能已经被岱庙外广场所覆盖。但我们当时仍然决定赶赴现场复查一番，希望能有所斩获，也不枉此行。去往冶底村的路上风光迤逦，令人心旷神怡。

图41 冶底村岱庙古瓷窑双系瓶（左）和瓷碗（右）标本

图42 冶底村岱庙古瓷窑窑具标本

　　冶底村是个不折不扣的山村，村子不大，村间的道路也不宽阔，行车确实有些不便。到达村子后，在村民的指引下，我们很快便找到了岱庙。冶底岱庙，也叫东岳庙、泽州岱庙，俗称西大庙，位于泽州县南村镇冶底村西土岗上（图43）。虽然此行目的是探寻古瓷窑址，可是到达冶底岱庙之后，我们确实被庙宇内的古代建筑所吸引。于是索性边欣赏美轮美奂的古代建筑，边寻找古代瓷窑的所在位置。这样一来，也为本次调查之旅平添了诸多美妙乐趣。

图43　冶底村岱庙（2014年11月调查拍摄）

　　在被古代建筑的美妙所陶醉之际，笔者也对冶底岱庙的基本情况有了些许了解。冶底村岱庙的始建年代不详，最晚在北宋就已有之。庙内最早的建筑遗存为正殿天齐殿的宋代石基、覆莲柱础与石柱，石柱上有宋神宗元丰三年（1080）题记。而后金、元、明、清等各朝又屡加修葺，终成今日所见之形制格局。整座庙宇占地面积3128平方米，依山势而分上、下两院，高低错落，雅静清幽。沿中轴线从南往北依次为山门、鱼沼、竹圃、舞楼（图44）、天齐殿（图45），两侧又设有碧霞元君殿、土地殿、五谷神殿、虫王爷殿、牛王殿、龙王殿、速报司神祠、关圣帝殿等，庙的下院有清泉、鱼沼各一。作为入选2001年第五批"国保"的古建筑，冶底岱庙最珍贵的莫过于它北宋风韵的正殿天齐殿和金元格调的舞楼。

　　在迷恋冶底岱庙俊美古建之时，我们并没有忘却此行的重要目的。可是在非常仔细地踏访了岱庙各院落及其周边区域之后，依然未发现任何窑业遗存。经过一番波折之后，我们在冶底村岱庙东南角找到了工作人员的办公地点——也可以说是董相林一家的居住之所。据了解，董相林属于子承父业。父亲董发吾生前日夜守护着庙里的一砖一瓦，每天在这里看门护院、打扫卫生，有游人前来他们便是义务导游。2010年4月，董发吾去世后，董相林从父亲那里接过重任，成为冶底岱庙的又一位守护者，继续坚守这个神圣而有些寂寥的岗位。在本次调查之时，董相林已被泽州县文明办推选为"善行义举"晋城好人的候选人。目前他的儿子董鹏已被聘为岱庙的文物管理员，父子俩也将用尽毕生心血保护好岱庙，将善行义举一代一代地传承下去。

图44　冶底村岱庙舞楼近状（2014年11月调查拍摄）

图45　冶底村岱庙天齐殿近状（2014年11月调查拍摄）

　　据董相林告知，当年在冶底村岱庙只发现了一座窑炉，位于庙门东侧，是在修建庙前广场时发现的。由于客观条件限制，当时并未对该窑址进行科学的考古发掘，只是在通知晋城博物馆之后，由安建峰副馆长采集了部分重要标本，便将其掩埋于砖铺地面之下（图46）。现在看来，这样也未尝是坏事，至少窑炉现在应该是安全的，而且还可以在以后有条件的情况下再对其进行发掘。另据董相林介绍，除了该窑炉以外，当时还发现有房基，可能为制瓷作坊，烧造的瓷器产品主要供庙内使用，而这也与晋城博物馆采集的标本形制基本吻合。不过，因为这些遗物透露的信息太少，所以我们目前还不能对其烧造时代做出准确判断。

图46　冶底村岱庙古瓷窑址所在区域近状（2014年11月调查拍摄）

　　该窑址的调查在匆忙中结束，不过笔者还想再用一些笔墨介绍一下这座别有格调、令人陶醉的村庄。冶底村是著名的蝎子形村落，它头部朝东南，尾部向西北，村东北的古寨和村南的奶奶堂是蝎子形村的两个钳角，而村西北的岱庙则是其尾刺。这种平面呈蝎子形建成的古村落，与二十八宿的"天蝎星座"相对应，反映了中国古代文化天人合一的思想理念，也揭示了冶底村古文化的博大精深。它给这个昔日古道上的历史文化名村增添了不少神秘的色彩。另据岱庙工作人员董相林介绍，冶底村有八百多户居民，共三千多人，其中董姓占据百分之七十五，相传他们为董仲舒的后人。若真如此，则更彰显了这座山西省历史文化名村悠久的历史渊源和浓厚的文化内涵。

（2）常角村古瓷窑

常角村位于晋城市泽州县东南部，是柳树口镇的下辖村，地处该镇的西部。常角村古瓷窑虽不见于史志文献，但终究未被湮没。2009年6月，晋城市遗址专题调查队在泽州县柳树口镇常角村发现了该古瓷窑址。据报道，当时地表散布大量的匣钵及钧釉瓷器残片，还有素烧坯体残片。2014年11月，笔者在晋城博物馆文物库房见到了当年采集的窑址标本。从采集标本来看，该瓷窑产品以钧釉瓷器为主，根据釉色不同又可分为天蓝釉和月白釉两种（图47）。器形主要为敛口碗，多为矮圈足。采集的窑具标本均已残缺，可辨识的主要为漏斗形匣钵（图48）。

图47　常角村古瓷窑瓷器标本

图48　常角村古瓷窑窑具标本

2014年11月，我们根据安建峰副馆长告知的大体方位，开始了常角村古瓷窑遗址的复查之旅。不过，由于村子不大，在公路旁也没有明显的村名标识。虽然汽车导航提示已到达常角村，可是车子两旁却仍然一边是巍峨的山，一边是陡峭的崖。笔者下车巡视良久未果，只能继续向前行驶。经过一个岔路口时，我们总算遇到了几户人家。询问后方才明白，原来常角村正是在导航提示已经到达的那个山顶之上。

顺着岔路口，我们爬坡而上，总算到达了常角村。可当穿过村庄面对一片旷野时，我们委实难以觅得古瓷窑址所在地点。经过一番翻山越岭之后，我们还是未能找到任何瓷窑遗存，更不要说古代瓷窑遗址了。后来我们在村中遇到了一位老人，他虽有语言障碍，但听力没有问题而且还会写

图49　常角村古瓷窑遗址分布区域（2014年11月调查拍摄）

字，他规范地书写到："村中确实有窑址，但是具体位置他也记不清楚了。"虽然老人也不知道该古瓷窑址的具体位置，但是他对村中有古瓷窑址的肯定态度，坚定了我们继续寻找的信心。

　　而后，我们又幸运地遇到了近九十岁高龄的常景荣老人。他首先询问了我们此行的目的，并要求出示证件和介绍信。老人说瓷窑是村子的历史文化遗产，不能被随意践踏。顿时，笔者被老人这种强烈的文物保护意识所震撼，这种主动保护文化遗产的行为也着实令后辈敬仰。在确认我们的身份没有问题之后，老人不但告知了此窑址的具体位置，还介绍了该窑址的发现经过。据他回忆，该窑址在20世纪80年代村中修建蓄水池时已被发现，随后北京故宫博物院和省内相关单位的工作人员前来对此进行了调查，可惜调查材料未见公布。常景荣老人还说常角村村委会副主任常文明家中留有当时在窑址采集的磨盘等遗物，遗憾的是常文明外出，家中无人，我们没能见到实物。

常景荣老人原本要亲自带领我们前往窑址所在地，然而其年事已高且路途坎坷，我们又怎能忍心让其同行。在几番推辞之后，老人再次为我们指明了行走路线。虽然窑址的具体位置已大致了解，但是由于窑址所在地点实在偏僻，且枯木密布、杂草丛生，我们寻找多时仍未找到窑址所在地。幸得一位在山间放牧的村民相助，历尽千辛后总算找到了该处窑址。

窑址位于一处陡峭的山坡，树枝横亘，荆棘遍野（图49）。为了寻找残存的窑业遗存，我们披荆斩棘，穿行于山坡枯木杂草间，终于找到了窑业遗存的密集分布区。

从该古瓷窑址现存情况来看，此处应有窑炉遗迹，可惜破坏严重，窑炉的具体面貌不详（图50）。不过，地表仍可见有大量匣钵等窑具，有的匣钵中还粘连有瓷器。这些应属于烧制过程中的

图50　常角村古瓷窑遗存分布情况（2014年11月调查拍摄）

残次品，未能进入商品流通环节。从地表分布的大量窑业遗存来看，可推断当年该瓷窑的烧造规模是较为可观的。

从本次采集的窑址标本来看，该窑主要产品应为钧釉瓷器，还有一些茶叶末釉瓷器（图51），器形基本相同。钧釉一般指河南省钧窑创烧的一种乳浊釉产品，故称钧釉，此类产品釉层较厚。钧釉基本釉色是浓淡不一的蓝色乳光釉，较深的称为天蓝釉，较淡的称为天青釉，比天青更淡的为月白釉。一般认为金代钧釉产品釉面润泽有开片，元代钧釉釉面多鬃眼，光泽较差。

图51　常角村古瓷窑茶叶末釉瓷器标本

该窑址的钧釉瓷器又可分为天蓝釉（图52）和月白釉（图53），形制基本相同。由于月白釉瓷器标本发现数量较少，所以我们主要对天蓝釉标本加以介绍。天蓝釉瓷器以敛口碗为主，矮圈足，内壁满釉，外壁施釉不到底。釉为乳浊釉，釉层较厚，有较多开片和棕眼。胎体多呈赭黄色，

图52　常角村古瓷窑天蓝釉瓷器标本

图53　常角村古瓷窑月白釉瓷器标本

近似于所谓的芝麻酱色，胎质坚硬。不过由于烧造过程中火候不均，火候过高处的胎体则呈灰色。有的天蓝釉敛口碗的口沿处釉色呈茶叶末色，似可推断茶叶末釉应和其同属一类产品。只不过由于烧造温度和釉层厚薄不同，才呈现出不同的釉色，这种现象在烧造钧釉器物的其他窑址中也有发现。从这些瓷器标本的形制和釉色来看，该窑址的烧造时代应为金元时期，产品以钧釉瓷器为主。

图54 常角村古瓷窑粘连有瓷器的窑具标本

图55　常角村古瓷窑碗形匣钵标本（2014年11月调查采集）

图56　常角村古瓷窑漏斗形匣钵标本

　　此次调查发现的窑具颇多，主要有匣钵和垫饼。所谓垫饼是一种起间隔作用的窑具，陶瓷器焙烧时多用于器物之间或器物与匣钵之间。垫饼多以耐火黏土制成，呈圆饼状，直径大于或略等于所承托器物的足径，厚度则随装烧方法和垫烧器物的不同而有所差异。垫饼中较薄者，也有人称其为垫片。从本次调查采集的标本来看，该窑址产品多采用垫饼间隔。不过由于釉层较厚，器物在烧造过程中极易粘连，采集的标本中也存在很多此种情况。再结合窑址中粘连有瓷器的匣钵残片（图54），我们应可推断该窑采用的是匣钵装烧工艺。匣钵形状一般为筒形或漏斗形，还有M形、碗形、钵形和椭圆形等。而该瓷窑使用的匣钵也有不同的形制，可分为碗形匣钵（图55）和漏斗形匣钵（图56）。碗形匣钵一般用于多件器物叠摞仰

图57　常角村古瓷窑叠摞的漏斗形匣钵标本

烧，每件器物间以垫饼间隔。所谓叠摞仰烧是叠烧和仰烧的合称。叠烧区别于单件装烧，多件器物通过支烧或垫烧窑具堆叠起来直接放在垫柱上或匣钵内装烧，是提高瓷窑装烧数量的一种装烧方法。叠烧的方式又有很多种，包括支钉叠烧、垫饼叠烧、托珠叠烧、涩圈叠烧和砂堆叠烧。仰烧与覆烧相对，又叫正烧，是指坯件口部向上入窑烧造的一种装烧方法。而该窑址发现的漏斗形匣钵内是否也为多器叠烧，目前还不能确定，但至少为单匣单器的可能性较大，而后再将匣钵叠摞装烧（图57）。

在结束了对该窑址的现场调查之后，我们应邀来到了常景荣老人家中。老人拿出他使用多年的笔记本，其中有一页粘贴着一块裁剪下

图58　常角村常景荣老人珍藏的关于常角村古瓷窑址的新闻报道

来的报纸，内容便是2009年关于常角庄古瓷窑址的新闻报道，老人对其视如珍宝。在得到他的允许之后，我们对这篇新闻报道进行了拍照（图58）。笔记本里面还有很多其个人的摘抄和日记，通过这些文字记述的内容，我们可以看出老人对窑址的关注和保护已有年月。他对家乡的热爱、对家乡历史文化遗产的保护热情着实令笔者敬佩，更值得人们学习，也激励着大家继续从事文物考古工作，尽可能地保护祖先留下的宝贵遗产。这既是物质财富，也是精神财富，我们一定要将其发扬光大。

（3）东南庄村古瓷窑

东南庄村位于泽州县东南方的柳树口镇，地处该镇的东南部。村子是典型的山村，盘踞在太行山山坳中。东南庄村古瓷窑虽不见于史志文献，但见诸报道的田野调查已有多次。东南庄村古瓷窑最早进入学界的视线，可说是缘起于晋城市古陶瓷爱好者张禄先生。他将5件泽州县东南庄古瓷窑的钧釉瓷器标本捐献给了北京故宫博物院，并向故宫博物院的陶瓷专家介绍了该古瓷窑遗址区域内有大量匣钵。

图59　东南庄村古瓷窑瓷器标本

据《晋城新发现一处古瓷窑址》一文介绍，2004年山西省考古研究所对此窑址进行了考查。当时窑址的分布面积大约有1万平方米，然已被修整为梯田。在窑址前还有保存完好的三口水井，调查者判断这些位于半山腰的泉井极有可能为当年的制瓷手工业提供用水。从当时采集的标本来看，该窑主要产品为钧釉瓷器，还有一些白地黑褐花产品。孟耀虎先生依据器物标本中弧腹、敛口或直口的造型，以及底足的修整工艺，认为该窑的烧造时间当在元代。《故宫博物院藏中国古代窑址标本·山西、甘肃、内蒙古》一书介绍，故宫博物院部分专家学者于2006年也对该窑址进行了调查，当时的窑址已遭到非常严重的破坏，调查者在田间地头采集了一些标本，认为该窑为金元时期的瓷窑。2009年，晋城市遗址专题调查队又对东南庄村古瓷窑进行了调查，采集了大量标本，也主要为钧釉瓷片，目前这批标本收藏于晋城市博物馆（图59）。

2014年11月，我们又对东南庄古瓷窑进行了复查。一路上群山环绕，风光依然秀丽，但毕竟是车在山中过、人在云中游的感觉，自然不能大意。行驶在崎岖的村间小路时，着实有些坎坷，我们期盼着略有惊险的旅

图60　东南庄村古瓷窑遗址分布区域（2014年11月调查拍摄）

程能为本次调查之行带来一些惊喜。几经周折之后，总算安全到达了这座小山村。放眼四望，山村美景尽收眼底，令人瞬间有种回归自然的恬美之感。若非身临其境，你很难想象这里的幽美。我们在短暂的休憩之余，饱饱地享受了这淳朴的山野风光。小小山村，鸡犬隐隐，登临高处，四望如一，美丽景色可谓沁人心脾。令人不禁感慨，埏埴之利，实得山川之助也。

依据以往调查资料中提到的三眼水井，我们按图索骥般地找寻窑址所在地。可是在村子周边找了许久也没有发现任何水井，就连田间劳作的村民们也难以确定。而当笔者改问以前村子里哪个地方烧造过瓷器时，他们便不假思索地指向一片台地，说那里有很多瓷碗。顺其所指方向前行，我们发现那里已被开辟为耕地，有多级台地（图60）。根据地表残存的大量窑业遗存，并对比了当年的调查照片，可以确定这个区域就是该窑址的分布范围。

该区域现存的古代瓷业遗存仍然很多，分布面积也较广，其中分布最为集中地点的地理坐标大致为北纬35°24′29″，东经113°6′53″。几

图61 东南庄村地垄中大量的匣钵（2014年11月调查拍摄）

乎在每个台地的断面上都可发现窑具和瓷片，其中匣钵数量最多，大量匣钵被整齐地码成了地垅（图61）。匣钵中多为碗形匣钵，村民们可能就是把这些碗形匣钵当作古人使用的碗了。虽然本次调查没有发现窑炉遗迹，但是地表残存的大量窑具，亦可以证明该地确实是存在古代制瓷手工业的，并且由此可以推断该窑址的烧造规模是相当可观的。

　　本次调查采集的窑址标本较多，收获也较为丰硕。从采集标本来看，该窑的主要产品为钧釉瓷器，依釉色又可分为天蓝釉、月白釉和茶叶末釉等，与晋城博物馆采集标本的内涵基本一致。

　　天蓝釉瓷器的主要器形为碗（图62），多为敛口碗，矮圈足。圈足内可见旋坯痕迹，中心有乳状凸起。内壁满釉，外壁施釉不到底。釉为乳浊釉，釉层较厚，有较多棕眼和大开片（图63）。外壁有流釉现象，在近下腹部处形成厚厚的积釉，据此可以推断其采用的装烧方法是仰烧。胎体多呈赭黄色，相较河南钧窑同类典型产品的所谓芝麻酱色胎略淡。不过由于窑室内烧造温度不均，导致有些瓷器胎体存在过烧情况，过烧的胎体呈灰色。此外，还发现有黄白胎。

图62　东南庄村古瓷窑天蓝釉瓷器标本

图63　东南庄村古瓷窑天蓝釉瓷器的棕眼和开片

　　茶叶末釉瓷器釉层较天蓝釉略薄，也有较多开片。以赭黄胎为主，过烧部分呈灰色。器形与天蓝釉基本相同，也以敛口碗为主（图64）。本次采集的标本中，没有发现明显的茶叶末釉碗底标本。

　　月白釉瓷器标本数量较少，器形与天蓝釉相似，亦主要为敛口碗（图65）。多为赭黄胎，过烧部分也呈灰色。釉层较厚，从瓷片断面可以看出多次施釉和流釉现象明显。

　　从采集的一些标本来看，同一件器物上有天蓝釉和茶叶末釉共存的情况。有的标本内壁为釉层较厚的天蓝釉，而外壁近下腹部未施釉部位则为釉层较薄的茶叶末釉。而很多天蓝釉瓷碗的口沿部位，也多呈茶叶末色。这一现象在常角村古瓷窑和其他烧造钧釉瓷器的窑址中都有发现，应与烧造温度和釉层厚薄不同有关。

　　该窑天蓝釉、茶叶末釉和月白釉产品的胎土原料相同，釉料也相似，装烧工艺一致，似应为同窑合烧，而非不同品种另窑分烧。此外，还发现一些素烧器物（图66），器形也与该窑的钧釉产品相同。

图64　东南庄村古瓷窑茶叶末釉瓷器标本

图65　东南庄村古瓷窑月白釉瓷器标本

图66　东南庄村古瓷窑素烧器标本

　　本次调查采集的窑具主要为匣钵，还发现有垫饼，有的窑具上残留有釉料痕迹（图67）。匣钵以碗形匣钵较为多见，还有漏斗形匣钵（图68）。根据发现窑具的基本情况，尤其是许多粘连有产品残片的窑具，使我们对该窑的装烧工艺有了更为直观的了解。笔者初步推测，这些装烧方法均与常角村古瓷窑类似。碗形匣钵一般用于匣钵内多件器物的叠烧，器物之间以垫饼相隔，而后再将放满器物的匣钵逐一叠摞仰烧。而漏斗形匣钵则可能是一匣一器，之后也是再将匣钵逐一叠摞仰烧。

此外，本次调查还采集了一些白釉褐彩瓷、少量黑瓷和青花瓷标本（图69），不过这些标本是否为本地烧造，就目前的资料来看，还很难确定。

图67　东南庄村古瓷窑窑具部分标本

图68　东南庄村古瓷窑匣钵标本

图69　白釉褐彩瓷、黑瓷和青花瓷标本

4. 沁源县

　　沁源县因沁河之源而得名，古为冀州之域。沁源县位于山西省中南部，长治市西北部，地处太岳山东麓，是沁河的发源之地。东连山西省沁县，南接山西省屯留、安泽县，西邻山西省霍州市、古县、灵石县，北靠山西省介休市、平遥县。

　　不同版本的《沁源县志》中，都记载有该地区古代制瓷手工业的简况（表三）。由此可以确定沁源县也是存在古代瓷业的，且至少在明代就曾烧造。不过，以往并没有任何关于该县古瓷窑址遗存的调查报道。2014年

11月，我们对方志记载中的地点逐一进行了实地调查，然而发现的窑址均为近现代的，古代窑业遗存仍未能觅得。

表三

窑址所在地	志书	版本	撰修者	内容	备注
沁源县	《沁源县志》	明万历三十五年（1607）刻本	王纯（修）李守贞（纂）	卷三　田赋·窑冶：瓷器（窑）三处：一在韩家沟，一在韩洪镇，一在栢子镇。	二卷·图一卷
		清雍正八年（1730）刻本	韩瑛（纂修）王廷伦（续纂修）	卷之三　田赋·物产·窑冶类：瓷器窑三处（实四处），石台村一座、李成村一座、王和村一座、柴则坪一座。	十卷·首一卷

二、古瓷风华

　　沁河流域山西区域的古代制瓷手工业历史悠久，为先民们的日常生活用瓷提供了基本保障。而沁河的交通地理优势，也为瓷器的往来运输提供了必要条件。在对沁河流域山西区域古代瓷窑遗址进行系统介绍的基础之上，我们大致了解了该区域古代瓷窑的基本面貌和窑业内涵。而在本次调查期间，我们还对各地文物考古单位进行了调研，有幸见到了一些尚未公开发表的出土瓷器。

　　结合现已发表的资料和本次调研的成果，本书将带领大家一同领略该区域出土古代瓷器的风华。需要特别指出的是，本章所用的器物标本都是考古出土文物，不涉及传世品或征集文物，因为考古出土器物的来源清楚，不存在真伪疑惑。而由于三彩、琉璃等与瓷器渊源颇深且联系紧密，所以也将其纳入本章一并介绍。

　　我国早在商代已经烧造出了原始瓷器，及至东汉中晚期成熟瓷器烧制成功，而后历经魏晋南北朝时期的过度，隋唐时代的大一统则为瓷器的快速发展提供了优越的条件，最终在宋元得到了大发展，明清时期则呈现出一片繁荣。就业已公布的材料来看，沁河流域山西区域出土瓷器可早到唐代，而后历经宋、金、元、明、清延续不断（表四）。本书将从这些器物中，选取相对精美、时代特征明显、具有代表性的标本着重进行介绍，并就相关内容进行略许探讨。不过，由于清代瓷器多为传世品，而考古出土的清代瓷器均为粗糙的民用瓷器，烧造质量较差，保存状况也不好，所以本书暂不予以介绍和探讨。

表四　沁河流域山西区域出土瓷器统计表

序号	出土地点	器物	尺寸	时代	馆藏机构
1	沁源县	白釉瓷唾壶	口径17.2cm、底径8.6cm、高9.6cm	唐代	沁源县文物馆
2	晋城市农业银行建设工地	三彩釉骆驼俑	高6.3cm、长5.5cm	唐代	晋城博物馆
3	晋城市建设银行工地	白釉绿彩（斑）瓷罐	口径6.8cm、高13cm	唐代	晋城博物馆
4	沁源县四维村墓葬	白釉瓷碗	口径8.6cm、高3.5cm	唐代	沁源县文物馆

5	沁水县	青釉瓷碗	口径12.5cm、足径5.5cm、高4cm	唐代	沁水县文史博物馆
6	晋城市城区	白釉瓷碗	口径16.7cm、底径5.25、高7.28cm	北宋	晋城市文物研究所
7	沁水县	白釉瓷钵	口径12.5cm、底径6.5cm、高9cm	北宋	沁水县文史博物馆
8	沁源县交口乡自强村墓葬	白釉瓷碗	口径10.7cm、底径4.1cm、高4.2cm	北宋	沁源县文物馆
9	沁源县	白釉剔花瓷枕	长26cm、宽22cm、高13cm	北宋	沁源县文物馆
10	晋城市桥岭金墓	白釉瓷灯盏	口径9.3cm、底径4cm、高4cm	金代	晋城博物馆
11	晋城市桥岭金墓	白釉瓷碗	口径18cm、底径5.7cm、高7cm	金代	晋城博物馆
12	沁源县	黑釉带盖瓷罐	口径4.9cm、底径5.3cm、腹径8.6cm、高6.7cm	金代	沁源县文物馆
13	沁源县	黑釉带盖瓷罐	口径5.35cm、底径5.65cm、腹径8.8cm、高7cm	金代	沁源县文物馆
14	晋城市城区	黑釉瓷鸡腿瓶	口径6cm、腹径15.1cm、底径9.9cm、高36.4cm	金代	晋城市文物研究所
15	晋城市城区	白釉瓷碗	口径16.5cm、底径6.3cm、高3.9cm	金代	晋城市文物研究所
16	晋城市城区	绿釉剔花填黑彩瓷枕	长30.5cm、宽21.7cm、高10.5cm	金代	晋城市城区旅游文物局
17	阳城县	黑釉盘口短流鼓腹瓷执壶	口径4.5cm、底径5.5cm、高12.5cm	金代	阳城县文物博物馆
18	阳城县	黑釉双耳直口鼓腹圈足瓷罐	口径5.3cm、底径3.7cm、腹径7.7cm	金代	阳城县文物博物馆
19	阳城县	黑釉双耳直口鼓腹瓷罐	口径7.6cm、底径5.9cm、高7cm	金代	阳城县文物博物馆
20	阳城县	青釉双耳圈足瓷罐	口径5.9cm、底径4.6cm、腹径7.3cm、高8cm	金代	阳城县文物博物馆
21	阳城县	酱釉瓷碗	口径14.5cm、底径5.3cm、高6.5cm	金代	阳城县文物博物馆
22	阳城县	黑釉瓷碗	口径14.9cm、底径6.3cm、高6.5cm	金代	阳城县文物博物馆
23	阳城县	黑釉弦纹敛口瓷碗	口径15.7cm、底径4.8cm、高7cm	金代	阳城县文物博物馆

24	阳城县	酱釉平底瓷钵	口径10.5cm、底径6.3cm、高9cm	金代	阳城县文物博物馆
25	阳城县	白釉瓷碗	口径9.5cm、底径4.3cm	金代	阳城县文物博物馆
26	阳城县	黑釉高足瓷杯	口径10cm、底径4cm、高8cm。	元代	阳城县文物博物馆
27	阳城县	茶叶末釉瓷玉壶春瓶	口径7.7cm、底径8cm、高23cm	元代	阳城县文物博物馆
28	阳城县	黑釉圈足瓷瓶	口径5.5cm、底径7.5cm、高21cm	元代	阳城县文物博物馆
29	沁源县	外黑釉内白釉瓷碗	口径13.5cm、底径6.2cm、高6cm	元代	沁源县文物馆
30	沁源县	白釉釉下黑彩瓷碗	口径10.5cm、底径4.5cm、高5.1cm。	元代	沁源县文物馆
31	沁源县	黑釉瓷罐	高9.1cm，口径9.5cm、底径7.3cm、腹径12.6cm	元代	沁源县文物馆
32	晋城市成庄矿建设工地	钧釉直口浅斜腹瓷盏	口径15.4cm、底径6.3cm、高4.5cm	金元时期（可能为元代）	晋城博物馆
33	晋城市城区	黑釉双系瓷罐	口径13cm、底径7.5cm、高14.8cm	明代	晋城博物馆
34	泽州县陡坡村张光奎墓	青花瓷碗	口径8.8cm、通高4.5cm	明代	晋城博物馆
35	阳城县	黑白釉褐花敛口高足瓷碗	口径16cm、底径6.6cm、高8.5cm	明代	阳城县文物博物馆
36	阳城县	黑釉瓷瓶	口径4cm、腹径10.5cm、底径7.5cm、高10.5cm	明代	阳城县文物博物馆
37	阳城县	琉璃狮	长17cm、宽11cm、高16cm	明代	阳城县文物博物馆
38	晋城市明代隰川王家族墓	黄绿釉琉璃雕龙拔步床	高47.6cm、长42.7cm、宽21.8cm	明代	晋城博物馆
39	晋城市明代隰川王家族墓	琉璃俑群		明代	晋城博物馆
40	泽州县陡坡村明代张光奎墓	琉璃俑群		明代	晋城博物馆
41	泽州县陡坡村明代张光奎墓	琉璃器皿		明代	晋城博物馆
42	泽州县	酱釉双耳瓷罐	腹径9.3cm、底径5.2cm、残高9cm	清代	泽州县旅游文物局
43	泽州县	褐釉瓷罐	口径5.6cm、腹径9.1cm、高6cm	清代	泽州县旅游文物局

44	泽州县	褐釉瓷罐	口径11.4cm、高9cm	清代	泽州县旅游文物局
45	泽州县	黑釉双耳瓷罐	口径11.2cm、腹径12.4cm、高12cm	清代	泽州县旅游文物局
46	泽州县	黑釉双耳瓷罐	口径7cm、腹径9.7cm、高13cm	清代	泽州县旅游文物局
47	泽州县	褐釉双耳瓷罐	口径12cm、腹径12cm、高9.5cm	清代	泽州县旅游文物局
48	泽州县	褐釉双耳瓷罐	口径6.5cm、底径5cm、高7cm	清代	泽州县旅游文物局

1. 唐风

在唐代的社会生活中，瓷器已逐渐取代漆器、铜器等成为更常见的一类器物，正如李肇《唐国史补》中所载："内丘白瓷瓯，端溪紫石砚，天下无贵贱通用之。"唐代著名茶学家陆羽在他编写的《茶经》中，不仅记载有"类玉""类冰"的越窑青瓷，还记录有"类银""类雪"的邢窑白瓷。南方以越窑青瓷为代表，北方则以邢窑白瓷为主导，这样便形成了所谓南青北白的瓷业产品格局。此外，还有历史悠久的黑瓷、彩绘瓷，也有新创制的黄釉瓷、花釉瓷和绞胎瓷等。而唐三彩更是名噪一时，举世闻名。这一时期瓷器的种类几乎无所不备，有茶具、餐具、酒具、文具、玩具和各类陈设用品等。沁河流域山西区域出土唐代陶瓷器的数量不多，有白瓷、青瓷，还有白釉绿彩和三彩器。

（1）白釉瓷唾壶

出土于沁源县（图70）。口径17.2厘米，底径8.6厘米，高9.6厘米。敞口，尖唇，束颈，鼓腹内收，圈足。胎体呈灰白色，胎质细密。除足沿露胎外，其余部位皆施釉。釉色莹润，釉料发色白中闪黄，可见些许杂质。

唐代是白瓷工艺发展成熟的时期，河北、河南、山西、陕西和安徽等省市都发现了烧造白瓷的唐代窑场。其中，尤以邢窑白瓷最具特色。邢窑白瓷可分为粗白瓷和细白瓷两大类，以细白瓷水平最高，也最为著名。邢窑细白瓷不施化妆土，釉层直接敷在胎体之上，胎体洁白，釉色莹润，类

图70　沁源县出土白釉瓷唾壶

银类雪。邢窑粗白瓷粗厚雄放，胎体坚硬拙实，釉层较薄，在胎体的映衬
下白中泛黄。沁源县出土的这件白瓷唾盂造型优美，应为邢窑唐代白瓷的
典型器物。

　　唾壶一词在我国古文献中有不少记载，如北宋李昉等奉敕编撰的《太
平御览》和清初编纂的《古今图书集成》等类书中，都设有"唾壶"一
节，收录了一些历来关于唾壶的记录。不过，由于我国缺乏自铭"唾壶"
实物的发现，因此我国文献所载唾壶的具体形制尚不能确定。日本正仓院
所藏的一件绀琉璃唾壶，则有相应的文字记载。这件产品由钴蓝色玻璃吹
制而成，高9厘米，口径11厘米，底径4.5厘米（图71）。《东大寺别当次
第》第六十代传灯大法师《朝晴》条载"（治安元）十月一日前左卫门尉
平致经施入绀琉璃唾壶有由缘印藏纳之"，由此可以得知，该唾壶系后一
条天皇治安元年（1021）即北宋真宗天禧五年舍入大东寺的。有人判断该

唾壶是中亚制品，也有人则认为其产自中国宋代。虽然目前学者们对于该产品的产地仍有不同的观点，但其确为唾壶则是言之凿凿的。

图71　日本正仓院所藏绀琉璃唾壶
（图片引自赵永《琉璃名称考辨》，图5）

据此，今日所谓唾壶中的敞口、束颈、鼓腹或扁圆腹造型者应该就是古文献中的"唾壶"。因其口部形似漏斗，也有学者直接称其为漏斗式唾壶。沁源县出土的这件白瓷产品，便属于此类唾壶。不过目前被称为唾壶者，还有一种盘口、细弧颈、扁圆腹的器形（图72）。有学者称其为盘口式唾壶，腹径大于口径。从当下的研究成果来看，盘口式唾壶主要流行于汉代至唐代中期前后，漏斗式唾壶则集中流行晚唐及以后，是唐宋时期常见的形制。

图72　山西省北魏司马金龙墓（484）出土
（图片引自谢明良《唾壶杂记》，图14）

　　目前学界已有一些学者意识到这两种唾壶形制的不同之处，并认为此两种形制没有演进、传承关系。谢明良先生在《唾壶杂记》一文中认为盘口式唾壶为中国的传统器形，而漏斗式唾壶的原型可能来自中亚等地。不过，今人往往又称唾壶为唾盂或渣斗。张东先生在《瓷质唾壶、渣斗考辨》一文中判定盘口式和漏斗式唾盂存在区别的基础上，认为漏斗式唾壶应命名为渣斗，而唾壶只是盘口式的。当联想到日本正仓院所藏的有文字记载的绀琉璃唾壶时，笔者发现该论断委实难以确证。另外，明万历年间（1573—1620）刊行的《三才图会》一书中又记载唾壶与唾盂两者不同。凡此种种，唾壶、唾盂和渣斗是否为同一种器物？汉至唐代中期前后的所谓盘口式唾壶是否也为文献所载之"唾壶"中的一种？这些都是值得进一步探讨的，不过还需要更多诸如自铭唾壶等实物资料的出现。

　　对于唾壶的功用，也有很多学者进行过探讨，以谢明良先生和张东先生的研究成果更为深入。谢明良先生在《唾壶杂记》一文中认为除了依据唾壶本身的造型特征，或者结合考古发现和传世的石刻线画、壁画、绢画等图像资料对其功能进行间接厘测以外，历来的文献记载更可直接说明它的具体用途。通过《魏书》《拾遗记》等文献的相关记载，可以看出唾壶的用途之一，就是承放唾秽物的器皿。唾壶中虽然以可盛秽物的粗颈者居多，但也有颈部极细者，有的甚至直径仅1厘米，所以不排除后者可能是用来盛装漱口剩水之用。中国国家博物馆收藏的一组五代时期白瓷茶具，出土于河北省唐县。孙机先生在对其进行研究时，认为其中的一件所谓唾盂或渣斗（图73），亦可用来盛放茶渣。根据文献和墓葬壁画，如白沙宋墓（图74）的壁画内容，唾壶或还可作为饮酒进食时装盛骨刺什物的器皿。由此，似乎可以看出无论是盛放唾秽物，还是装盛漱口水、茶渣或者骨刺什物，唾壶的主要功用应是用来放置各种可以置于其内的秽物，具体盛放的秽物种类则可能因人因时而异。

图73　国家博物馆收藏的五代时期白瓷唾壶
（图片引自谢明良《唾壶杂记》，图28）

图74　白沙宋墓一号墓（1099）壁画中的唾壶
（图片引自谢明良《唾壶杂记》，图27）

　　谢明良先生和张东先生都还观察到唾壶另一种可能的用途，那就是与佛教礼仪有关。张东先生依据河北宣化辽墓M6壁画上有一女子一手捧唾壶，另一手做弹指状（图75），推测可能和文献记载向尊者洒净水的佛教礼仪有关。谢明良先生则根据《法显传》《梁书·诸夷传》和河北省定州北宋太平兴国二年（977）静志寺塔基地宫出土的莲花白瓷唾壶，认为唾壶有时可能与佛教四天王奉钵谭中的特殊"佛钵"相提并论。而一些文献记载的神怪故事中也有唾壶的出现，谢明良先生考证其有可能是把唾壶与我国古代壶中天地的宇宙思想关联起来。

图75　河北宣化辽墓M6壁画中的唾壶
（图片引自谢明良《唾壶杂记》，图24）

　　总体来看，此类器物应该主要属于卫生洁具。起初用于承放唾液等污物，后来随着饮茶习俗的风行，也用于倾倒残茶水，口大者甚至可用于盛放鱼刺、兽骨等。在此基本功能之上，其除了用于日常生活，还可用于佛教礼仪，甚至被赋予更深层次的精神思想内涵。不过对于今日所谓唾壶、唾盂和渣斗的具体界定，目前学界确无定论，称谓使用较为混乱。虽然已有学者注意到了它们的区别，但在这一问题上依然没有达成共识。对于此问题还需要进一步讨论，也有赖于更多、更直接的考古材料的出现。

（2）青釉瓷碗

出土于沁水县（图76）。口径12.5厘米，足径5.5厘米，高4厘米。敞口，斜弧腹，玉璧底，挖足较浅。浅绿釉，应属青瓷。内壁满釉，外壁施釉不到底。红褐色胎，胎质粗糙。胎釉间施有一层白色化妆土。器物内底残留2个椭圆形间隔窑具的痕迹，笔者初步推测应该是用耐火黏土制成的泥钉。此类窑具属于支钉的一种，多均匀地粘在器物内底或足沿，再把粘有支钉的器坯一件件叠摞起来，组成一柱后入窑焙烧。由此，该件青瓷碗采用的装烧方法当是支钉叠烧。

所谓玉璧底是指在圆形平底中心挖去一小片同心圆，因形似玉璧而得名，也可称作玉璧形圈足。这一种底足形式，主要流行于唐代中晚期，底部一般不施釉。而从该青釉瓷碗的底足特征来看，有由规范的玉璧底向宽

图76　沁水县出土青釉瓷碗

圈足过渡的趋势，所以，该瓷碗的时代可能在晚唐时期。

青瓷釉料中含有的氧化亚铁成分一般在2%以上，入窑烧造使用还原焰。目前资料显示，最迟在商代中晚期已经出现了原始青瓷，东汉中晚期摆脱原始状态逐渐进入成熟青瓷阶段。三国两晋南北朝时期，青瓷工艺水平迅速提高。唐代是青瓷生产的繁荣时期，许多地方都有风格独特的青瓷窑业建立起来，南方各窑仍然继续烧造青瓷，北方烧白瓷的诸窑也兼烧青瓷。从沁水县出土的浅绿釉青瓷碗来看，其釉色青中闪白，似乎可以推断生产该产品的瓷窑也应是白瓷、青瓷均有烧造。

（3）白釉绿彩（斑）瓷罐

出土于晋城市建设银行工地（图77）。口径6.8厘米，高13厘米。直口，卷沿，鼓圆唇，短直颈，溜肩，斜弧腹，近底部略外撇，平底。胎体呈土黄色，胎质坚硬。胎体上施有一层白色化妆土，然后再施釉，釉上点加含铜的彩料斑块，之后入窑一次烧成，便形成了白釉绿彩（斑）。

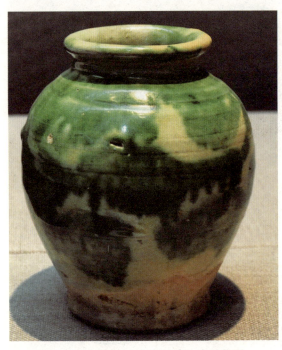

图77 晋城市建设银行工地出土白釉绿彩（斑）瓷罐

秦大树先生在《论磁州窑的白釉绿彩装饰及其源流》一文中指出，使用绿彩在低温釉陶和高温瓷器上作为装饰的技法，几乎同时在北齐时期出现。山西省太原市北齐武平元年（570）娄睿墓中出土有一件施淡绿色薄釉的釉陶盂，器身用棕黄和深绿色彩各相间竖施七条装饰带，这可说是目前所见最早的施绿彩器物。稍晚的还有河南省安阳市北齐武平六年（575）范粹墓出土有一件白釉长颈瓶，肩、腹部用深绿色彩装饰（图78）。这件器物曾被认为是白釉瓷器，但经过深入研究，有些学者认为其仍属釉陶器。河南省濮阳市北齐武平七年（576）李云墓中出土的1件青釉绿彩四系罐（图79），被公认为属于高温青瓷器。这件器物的出土，证明了最迟在北齐晚期，绿彩装饰已开始在瓷器上使用。秦大树先生研究认为，范粹墓出土的低温绿彩白釉陶器开了唐三彩的先河，而李云墓出土的高温绿彩青釉瓷器则沿着另一轨迹发展，最终演化成了晚唐、北宋时期在北方广泛流行的白釉绿彩瓷器。

唐代的白釉绿彩瓷器一般有两种类型，一种是釉下绿彩，另一种是釉上绿彩。釉下绿彩是以含铜的色料在器坯或化妆土上绘制图案，施釉后入窑一次烧成。釉上绿彩是在釉上用含铜色料绘画或涂抹纹样，入窑一次烧

图78　河南安阳北齐武平六年（575）范粹墓出土白釉绿彩长颈瓶
　　（图片引自《中国出土瓷器全集·河南卷》，图21）

图79　河南濮阳北齐武平七年（576）李云墓中出土青釉刻画绿彩四系罐
　　（图片引自《中国出土瓷器全集·河南卷》，图25）

成。釉上绿彩主要用于装饰各类器皿的口、肩、腹部，或者长方形瓷枕的四角部位。晋城市建设银行工地出土的白釉绿彩瓷罐标本，就是采用的釉上绿彩工艺。此种釉上绿彩的彩料，起呈色作用的主要是氧化铜，氧化铜在氧化气氛中烧成，便呈现绿色。白釉绿彩装饰与同是彩斑装饰的白釉酱彩不同，后者只是用常见的黑釉在白瓷上装饰，而白釉绿彩的彩料可说是特别配制的。在白釉中有意添加了铜的氧化物作为着色剂，表明人们对不同金属元素的呈色作用有了较清楚的认识，并掌握了相应的技术。由此可见，以铜为呈色剂的加彩方式，有着深厚的基础和悠久的传统。

目前的研究成果表明，白瓷釉上绿彩装饰的产生大体是与北方地区白瓷的创烧相同步，最早烧造白釉绿彩瓷器的地区是河南。这种装饰在北朝晚期到隋代曾流行一时，隋末到唐代前期是白釉绿彩装饰发展的低谷时期，它的再次流行出现在中晚唐时期。从中晚唐开始，这种装饰工艺在河南、陕西地区再次流行，并逐渐向四周传播。大约以五代时期为界，白釉绿彩瓷呈现出早晚不同的特点。早期白釉绿彩瓷的特点是彩的面积较大，流动性强，往往在器表形成流云般或斑驳不规则的彩斑。北宋以后，绿彩的面积变得小而有规律，强调一定的布局安排，常常在器物上施等分的三片彩斑，由于此时可以有效地控制绿彩的流动，把彩斑的形状变成了规整的片状或条状。北宋时期，白釉绿彩装饰在北方地区达到极盛。北宋后期开始衰落，金代基本停烧，衰亡原因还不明晰。据此可以初步判断，晋城市建设银行工地出土的这件白釉绿彩瓷罐标本可能属于中晚唐时期的作品，其具体产地还有待进一步研究。

（4）三彩骆驼俑

出土于晋城市农业银行建设工地（图80）。高6.3厘米，长5.5厘米。骆驼站立于圆环形底座之上，四肢较短，双驼峰，驼峰间负有重物，昂首偏向一侧，脖颈处依稀可见刻画的鬃毛痕迹。器表施有黄、绿、白三彩，以绿釉和黄釉为主，间杂白色斑点。骆驼俑四肢及底座的釉层已经脱落，露出胎体，胎体呈土黄色，部分胎体上还残留有白色化妆土。

唐三彩在唐代陶瓷生产中异彩纷呈，也是我国古代艺术宝库中的珍品。唐三彩在我国主要发现于墓葬中，所以多被认为是随葬用的明器。唐三彩的出现与发展，似乎是唐代厚葬之风的产物。不过考古发现表明，陆上丝绸之路和东海、南海海上丝绸之路沿线都发现有我国烧造的唐三彩。可见，唐三彩并不仅作为明器殉葬，同时大量销往海外，在中外文化交流史上写下了光辉的一页。唐代富足的物质、开明的政治、多元的文化、多彩的艺术、佛教的兴盛、创新的意识和厚葬之风，共同催生了唐三彩的诞生和发展。

令人惊奇的是，为什么唐三彩在烧制过程中会产生如此绚丽斑驳的色彩呢？其实原因也简单，那便是釉料的呈色原理。唐三彩使用含铁、铜、钴、锰等元素的矿物作为釉料的着色剂，并在釉里加入了大量炼铅熔渣和铅灰作为助熔剂，再经过约800℃的温度烧造而成。正是以铅作为助熔剂，降低了釉料的熔融温度，也增加了釉料受热后的流动性，釉料在胎体上交互融合，便产生了变化无穷、色彩斑斓的效果。铅还能增加釉面的光亮度，使色彩更加绚丽。其实唐三彩并不只是三种颜色，而是有深绿色、浅绿色、翠绿色、蓝色、黄色、白色、赭色和褐色等多种颜色，以黄、绿、白三种彩色为主，所以称为"唐三彩"。晋城市农业银行建设工地出土的这件唐三彩骆驼俑，便是黄、绿、白三彩。

图80　晋城市农业银行建设工地出土三彩骆驼俑

关于唐三彩的胎质，目前仍有不同的意见。有人认为是采用黏土作胎，系红色陶胎。也有的认为唐三彩的胎有两种，一种是红色黏土陶胎，另一种是白色黏土（或高岭土）瓷胎。唐三彩一般是采用二次烧成的方法，先经1100℃左右的高温素烧器坯，施釉后再入窑经800℃~900℃的低温烧成。正是由于坯釉膨胀系数不同，所以唐三彩的胎釉结合不如一次烧成的瓷器紧密，脱釉现象较为常见。

考古资料显示，唐三彩始见于唐高宗时期，开元年间极盛，到天宝以后数量逐渐减少。至于唐三彩的产地，20世纪80年代以前仅在河南巩义发现有烧制唐三彩的窑址，之后又陆续发现陕西铜川黄堡窑、河北内丘邢窑、四川邛崃窑、河南鲁山窑等曾烧造过唐三彩。近年来，在山西省晋城市城区也发现了烧造唐三彩的窑址，为唐三彩的研究提供了新的资料。由此可见，唐三彩在当时的影响很大，尤其是在北方地区。晋城市农业银行建设工地出土的这件唐三彩骆驼俑，因其无豫、陕地区唐三彩中常见的蓝彩，且该标本所用的绿、黄和白色三彩与晋城市城区三彩窑产品的釉色特点基本一致，由此判断该唐三彩骆驼俑产自晋城本地的可能性极大。

2. 宋韵

北宋时期的科学技术已相当发达，如火药、指南针、活版印刷术等都是当时的伟大发明。同样是我国伟大发明之一的瓷器，也与科学技术密切相关。在继承过去优秀传统的基础之上，瓷器也伴随着科学技术的发展而变得更加精美典雅。在中国陶瓷发展史上，宋代可说是一个"集大成"的时代，陶瓷经济、海外贸易的发展，各地新兴的窑场如雨后春笋般出现，使各地瓷业竞争日益激烈，进而涌现出不少驰名中外的瓷窑，呈现名窑迭出的繁盛局面。如所谓的宋代"五大名窑"——汝、官、哥、定、钧窑，而其他知名瓷窑的作品也各具特色、争妍斗奇。宋代制瓷手工业的最大特点是窑业的大发展、大格局和大繁荣。以瓷器品种论，亦是百花齐放，尤以"单色釉"和"磁州窑风格"瓷器最具时代特色。无论青瓷、白瓷、黑瓷等各种单色釉，还是釉上、釉下的加彩或刻、划、印花瓷器，在质量和数量上都有很大提高。同时在造型、纹饰、胎釉乃至文字和绘画装饰等方面，也有了许多新的题材与创意。其中，以磁州窑白地黑花或书写诗文的白瓷，耀州窑的刻、印花青瓷，龙泉窑的"粉青""梅子青"青瓷，建窑、吉州窑的"油滴""兔毫"和"玳瑁釉"黑瓷，以及景德镇窑的刻画花青白瓷等成就最为卓越。这些瓷窑的产品不仅异彩纷呈、品类繁多，并且远销海外、享誉古今，与所谓"五大名窑"同样在陶瓷史及文化史上占有重要的一页，千年以来不断为人们所称道而竞相模仿，当属我国陶瓷史上的典范。

宋代瓷器的形制多样，有碗、盘、洗、瓶、壶、罐、盆、盒、炉、枕、唾盂、腰鼓和瓷塑等，能够满足人们日常生活中的各种需要。整体造型特点顺应当时的审美风尚，趋向质朴、实用，强调线条的流畅、秀美，可谓清秀典雅。宋代瓷器的装饰技法有刻、划、剔、印、绘画等，纹饰多样，但装饰风格不流于华丽，而充满朴实典雅的美感。沁河流域山西区域的出土瓷器中，时代较为明确的北宋时期产品数量不多，以白瓷为主，多为日常生活用器。

（1）白釉剔花瓷枕

出土于沁源县（图81）。长26厘米，宽22厘米，高13厘米。枕面呈腰圆形，也被称为豆形。胎体坚硬致密，呈灰褐色。胎体上先施一层白色化妆土，再施透明釉，施釉不到底。釉色呈现白中闪黄，有细小开片，胎釉结合紧密。枕面线刻一腰圆形框，内填白地剔一束莲花，莲花下承托荷叶。枕面内凹，前低后高。枕底为平底，不施化妆土和釉料。瓷枕后枕墙中部有一圆孔（图82），枕身未见明显的窑具痕，所以其装烧方法暂不明晓。

考古资料表明，目前所见时代最早的瓷枕出土于河南安阳隋代张盛墓，不过由于其尺寸较小，所以多数认为它可能属于明器或瓷枕模型。瓷枕在唐代有了较大发展，至五代、宋、辽、金、元时期大盛，到了明清时期则再无以往的辉煌。瓷枕的形制多种多样，大体上可以分为箱形枕和

象生枕两大类。所谓箱形枕就像一只中空的箱子，沁源县出土的这件白釉
剔花瓷枕便属于箱形枕。该类瓷枕除了豆形枕外，还有长方形、多角形、
叶形等。象生枕主要是指仿照人、兽、建筑或家具等造型，如著名的孩儿
枕、虎形枕等。

图81　沁源县出土白釉剔花瓷枕

图82　沁源县出土白釉剔花瓷枕枕孔

　　沁源县出土的这件白釉剔花瓷枕装饰精美，采用了剔花的装饰技法。所谓剔花装饰技法是先在胎体表面施釉或化妆土，然后在其上刻画出花纹，再将花纹部分或纹样以外的釉层或化妆土剔去，露出胎体。将花纹部分剔去者，又被称为剔花留地；而将花纹以外部分剔去者，也被称为剔地留花。器物烧成后，釉色与胎色形成鲜明对比，使纹样具有浅浮雕的效果。从现有考古资料来看，剔花技法始于北宋磁州窑，而后陆续被其他窑场所采用。

　　该瓷枕枕面线刻一腰圆形框，此类栏框又叫开光。所谓"开光"，也被称为"开窗"，此装饰犹如古建筑上的开窗见光，故名。具体是指在器物的显著部位以线条勾勒出圆形、方形、菱形等多种式样的栏框，框内绘各种图案，主要起到突出主题纹饰的作用。

　　这件瓷枕后枕墙中部有一小圆孔，此类孔洞在瓷枕上十分常见，所以一般称其为枕孔。不同类型瓷枕的枕孔位置不定，大小不一，数量也不等。而且除了常见的圆形枕孔以外，还有月牙形、火炬形等。目前学界多认为陶瓷枕上的枕孔，是为了使枕体内的空气和水分在高温下排出，以防止烧造过程中枕体变形或断裂。此外，索德浩先生在《陶瓷枕的分类、演变及相关问题》一文中还认为陶瓷枕上的枕孔是供灵魂出入的孔道，似乎也可备一说。

（2）白釉瓷碗

　　出土于晋城市城区（图83）。口径16.7厘米，底径5.25厘米，高7.28厘米。敞口，鼓圆唇，斜弧腹，圈足。灰褐色胎，胎体坚致。胎体上先施一层白色化妆土，然后再施釉，釉色呈现白中闪黄，釉面有较多土浸痕迹。施釉不到底，近圈足部分露胎，足沿上残留有4个支钉，器物内底也有4个支钉痕迹（图84）。

支钉多以耐火黏土制成，常见的形式有两种。一种是用黏土做成泥钉，所以有的学者也称其为乳钉或粘钉，使用方法是将其均匀地粘在器物

图83　晋城市城区出土白釉瓷碗

图84　晋城市城区出土白釉瓷碗足墙和内底残留支钉痕迹

底面或足面。另一种是在垫饼、垫圈和三角形、三叉形间隔具上加泥钉，或在这些间隔具上直接捏出泥钉式突起。晋城市城区出土的这件白瓷碗采用的便是第一种支钉，亦即乳钉或称为粘钉。

从业已发表的考古材料来看，该瓷碗的形制尤其是足沿残留的乳钉最具北宋介休洪山窑产品特点。现已发现的介休古瓷窑址主要有两处，即介休市洪山镇瓷窑址和介休市城区南街瓷窑址。孟耀虎先生在《宋金介休窑瓷器装饰——以画、剔、划、戳、刻、印为中心》一文中提到，介休市城区北街也曾发现有古瓷窑址，只是未曾调查和发掘，具体面貌不详。介休洪山窑位于今介休市洪山镇洪山村，窑址紧邻一座源神庙，该庙位于狐歧山麓，因洪山泉源而建。目前来看，介休洪山窑最迟创烧于北宋，历经金、元、明、清和民国，宋金时期是其盛烧期。

孟耀虎先生的《介休窑白瓷品质》一文中便收录有介休洪山窑同类器物的底足标本，其足沿亦残留有4枚支钉痕迹，且从其形状来看采用的也应是乳钉。水既生先生在《山西古代窑具及装烧方法》一文中介绍，介休窑使用乳钉的具体方法是把耐火度较高的细泥浆直接挤到器物圈足底面之上，由泥浆的黏度自然拉出1个小乳。介休窑多在其碗盘类器物尤其是细白瓷碗盘上使用此技法，多使用3个粘钉，也有4个的。一般来说，由于乳钉泥料和制品胎体的收缩率不同，烧成后乳钉较容易去掉。不过也有烧成后依然残留在足沿或内底的，晋城市城区出土的这件北宋白瓷碗便是如此。由此，可以判断该瓷碗采用的应是以乳钉间隔、多件叠摞仰烧的装烧方法。

晋城市城区出土的这件白釉瓷碗施釉不到底，且近圈足部分露胎，据此我们推断其采用的施釉方法当是蘸釉。施釉又称挂釉、罩釉或上釉，是指在成型的陶瓷坯体表面施以釉浆。施釉的方法多种多样，除了该白釉瓷碗标本采用的蘸釉法，还有荡釉、浇釉、刷釉、吹釉和洒釉等。蘸釉法是将坯体浸入釉浆中，片刻后再取出，利用坯体的吸水性，使釉浆均匀地附着于坯体表面。釉层厚度由坯体的吸水率、釉浆浓度和浸入时间决定，一般适用于厚胎胚体及杯、碗类制品。晋城市城区出土的这件白釉瓷碗之所以近圈足部位不施釉，就是为了蘸釉时便于抓握。

3. 金润

金代制瓷手工业的发展，大致可以海陵王迁都燕京为界限，分为前后两个时期。总体来看，前期的金代陶瓷主要继承了辽代陶瓷传统，后期的金代陶瓷是中原及北方地区汉民族制瓷工艺传统的延续和发展，但是也融入了一些女真文化和外来文化因素。后期尤其是在金大定四年（1164）与南宋和议告成之后，边事不兴，制瓷手工业日益繁荣。而沁河流域山西区域的金代瓷业正属于后期，这从出土的瓷器亦可相印。

金代瓷器以日常生活用器为主，常见碗、盘、瓶、壶、罐和枕等器形。装饰技法有刻花、划花、印花、剔花、贴塑和彩绘等，纹饰题材有花卉、人物、鱼鸭和水波等。沁河流域山西区域出土的金代瓷器数量相对较多，品种亦较为丰富，有白釉、黑釉（酱釉）和绿釉（青釉）等。器形也较为多样，有碗、钵、执壶、罐和枕等，主要为日常生活用器。

（1）白釉瓷碗

出土于晋城市城区（图85）。口径16.5厘米，底径6.3厘米，高3.9厘米。侈口，平折沿，斜弧腹，圈足较矮。土黄色胎，施有一层白色化妆土。施釉不到底，釉色呈现白中泛灰。器物表面土浸较为严重，内底残留有5个支钉痕（图86）。

图85　晋城市城区出土白釉瓷碗

图86　晋城市城区出土白釉瓷碗内底残留5个支钉痕

　　从该标本内底的支钉痕来看，具体采用的应该是乳钉或粘钉。目前学术界多认为，采用5枚乳钉是山西霍州窑的代表性特征。当然，霍州窑产品中乳钉的数量3~6枚都有发现，只不过5枚乳钉在霍州窑更为常见，而其他瓷窑则不多见。所以，晋城市城区出土的这件白瓷碗应该是霍州窑的作品。

　　根据以往的考古调查发现，霍州窑位于山西省临汾市霍州市城关西南白龙镇的陈村一带。陈村在汾河西岸，村中有一条东西向的小溪，小溪南面就是瓷窑的集中地。碎片与窑具还广泛散布在汾河沿岸，可见当时霍州窑的生产规模是比较大的。窑址现存面积约2.5万平方米，瓷业堆积厚1.5~3.8米。目前，学界一般认为霍州窑创烧于金而盛于元，元明以后仍继续烧造。

（2）黑釉瓷鸡腿瓶

图87 晋城市城区
出土黑釉瓷鸡腿瓶

出土于晋城市城区（图87）。口径6厘米，腹径15.1厘米，底径9.9厘米，高36.4厘米。小直口，尖唇外凸，平折沿，短颈，溜肩，腹部修长形如鸡腿，隐圈足。肩部刮釉一圈，上腹部有旋坯形成的凸弦纹数周。

众所周知，鸡腿瓶多为辽金时期游牧民族所用。学界一般认为鸡腿瓶最早产生于辽代，其祖型可能源于长身皮囊壶。辽墓中鸡腿瓶多成对出现，墓葬壁画中也常见此类器物。如朝阳木头城子镇辽墓壁画饮酒图上二人豪饮正酣，旁边便绘出两个大型鸡腿瓶（图88-1）；敖汉旗下湾子M5东南壁备宴图也画有贮酒之用的鸡腿瓶（图88-2）；羊山M1东南壁备宴图，插入瓶架内的

鸡腿瓶不仅加以泥封，还有标签（图88-3），大概是标注瓶内所窖酒的品类或日期。此外，叶茂台辽墓M7出土的鸡腿瓶尚存有红色液体，经化验是葡萄酒。辽代张文藻墓鸡腿瓶出土时尚存红色液体，也有可能是酒。

1.朝阳木头城子辽墓壁画　　2.敖汉旗下湾子M5东南壁备宴图　　3.羊山M1东南壁备宴图

图88 辽代墓葬壁画中的鸡腿瓶

从目前的考古发现来看，金代女真人墓葬中也常有鸡腿瓶的出土，可见其亦是女真族喜用之物。山西博物院收藏有一件金代鸡腿瓶，采集于朔州市怀仁窑址，其肩部刻有"都酒使司"四字（图89）。李勇先生在《山西怀仁窑"都酒使司"鸡腿瓶考述》一文中已考证"都酒使司"是金代酒务管理机构，这件鸡腿瓶正是为金西京定烧的盛酒器。内蒙古察右前旗出土的元代鸡腿瓶上则直接刻有"葡萄酒瓶"四字，表明其是盛酒的器皿。

图89　山西博物院收藏怀仁窑"都酒使司"鸡腿瓶

　　综上所述，大家不难判断鸡腿瓶应系盛放酒、水或乳制品的用具。至于其使用方式，有人认为是在鸡腿瓶两端系绳，背于身后或身侧；也有人认为其造型适合抱取。笔者觉得这些使用方式应该都存在，只不过是不同的场合采用相应的方式，出行时采用前者，居家使用时则采用后者。至于鸡腿瓶的形制演变，也有学者已经关注。前文在介绍东关村古瓷窑鸡腿瓶标本时，已对彭善国先生的相关研究成果做过引用，据此晋城市城区出土的这件鸡腿瓶的时代也应属于金代。而其与三普采集的东关村古瓷窑鸡腿瓶标本胎质、形制相近，且出土地点与东关村相距较近，所以其应该也是阳城县东关村古瓷窑产品。

（3）绿釉剔花填黑彩瓷枕

出土于晋城市城区（图90）。长30.5厘米，宽21.7厘米，高10.5厘米。该瓷枕属箱形枕，平面为豆形或称腰圆形。胎体呈红褐色，可能采用的是黏土。通体施白色化妆土，外罩绿釉，施釉不到底。枕面内凹，前低后高。枕面中部线刻五条线形成腰圆形开光，内填黑彩剔大叶牡丹纹，叶脉花瓣清晰。枕背中部偏上有一圆形枕孔（图91），右枕墙可见支钉痕。

图90 晋城市城区出土绿釉剔花填黑彩瓷枕

图91 晋城市城区出土绿釉剔花填黑彩瓷枕枕孔

　　秦大树先生在《白釉剔花装饰的产生、发展及相关问题》一文中研究认为，河南修武当阳峪窑对剔花装饰做了改进，开创了剔花填彩。而根据该瓷枕的釉色和形制特点，并结合其剔花填彩的装饰技法，笔者初步推断晋城市城区出土的这件绿釉剔花填彩瓷枕具有当阳峪窑的产品风格。当阳峪窑又被称为修武窑，位于河南省焦作市修武县西北22公里的西村乡当阳峪村，是我国北方地区宋元时期一处重要的民间窑场。

4. 元华

　　元代的大一统，结束了宋、金和西夏对峙的分裂局面。虽然元代在我国历史上只存在了九十多年，但是国内市场的统一，有利于商品经济的繁荣，也促进了各种手工业的进一步发展。元代制瓷手工业在我国陶瓷史上占有极为重要的地位，钧窑、磁州窑、霍州窑、龙泉窑和德化窑等主要窑场仍继续烧造传统品种。而景德镇窑在元代更是有了长足的发展，为明清两代的鼎盛奠定了基础。

　　元代瓷器和其他时代一样，既有继承也有创新。元代瓷器的造型主要有碗、盘、瓶、高足杯、执壶和罐等，整体来看，形大、胎厚、体重，可说是它的时代风格。瓶类以梅瓶和玉壶春瓶较为常见，高足杯是元代瓷器中十分流行且极具特色的产品。沁河流域山西区域出土的瓷器中，元代瓷器也以日常生活用器为主。

（1）黑釉高足瓷杯

　　出土于阳城县（图92）。口径10厘米，底径4厘米，高8厘米。侈口，卷沿，直腹微垂，下承高足。灰白胎，胎质粗糙，较坚致，不施化妆土。釉色乌黑，杂质较多。

　　顾名思义，高足杯是因其下承的高足而得名。由于其下承高足形似柄把，所以也俗称"把杯"。依据其不同的功能，亦有不同的称谓。主要用于马上饮酒者，有学者直接称其为"马上杯"；用于佛前供奉者，则被称为"净水碗"。

图92　阳城县出土黑釉高足杯

　　元代的高足杯，垂腹多较浅，足有八方、转心和竹节等多种样式。除景德镇烧制的青花与枢府釉高足杯外，浙江龙泉窑、福建德化窑、河南钧窑、河北磁州窑与山西霍州窑等都有大量生产，成为元代瓷器中的代表性器物之一。

（2）茶叶末釉瓷玉壶春瓶

　　出土于阳城县（图93）。口径7.7厘米，底径8厘米，高23厘米。侈口、细弧颈，溜肩、圆鼓腹，矮圈足。灰白胎，施白色化妆土至近圈足部位。外施茶叶末釉，腹部可见拉坯成型时留下的痕迹。

　　侈口、细弧颈、溜肩以下置圆鼓腹，被认为是今日所谓玉壶春瓶的典型特征。以往，人们多认为玉壶春瓶是因宋人诗句中"玉壶先春"而得名，是北宋时创烧的一种瓶式。而对于玉壶春瓶的渊源，有人认为是由汉代的钟演变而来，也有的学者则认为其原型可上溯到北朝的鎏金细颈铜瓶。近来，谢明良先生在《关于玉壶春瓶》一文中对玉壶春瓶有过深入的研究，该文收录于《陶瓷手记——陶瓷史思索和操作的轨迹》一书。谢明良先生研究认为今日惯称的"玉壶春瓶"在清代以前的文献中称作"壶瓶"，将此一瓶式称呼为玉壶春瓶似乎是入清以来的事例；玉壶春瓶之瓶

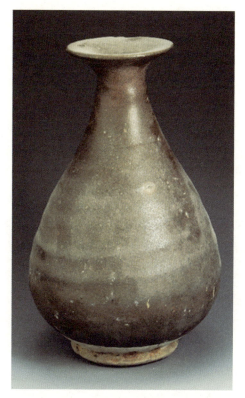

图93　阳城县出土茶叶末釉玉壶春瓶

式并非中国的创意，应源于南北朝时期腹部呈洋梨形的细颈瓶，此种瓶式又模仿或借鉴了外来的金属器或玻璃器，然而其确是在宋代以来作为一种风尚而广为人们使用的，甚至成了东亚各国的模仿对象。至于玉壶春瓶的功能，有人认为其属于酒器，也有学者认为其可能是花器，这些观点均有一定的依据。不过，玉壶春瓶最主要也是最常见的功用无疑是注酒的容器，可以装盛各种酒类，绝不仅限于玉壶春酒，而且经常出现在葬仪、赏赐、贺礼、宴饮和日常生活等多种场合。

　　宋代的玉壶春瓶主要由北方瓷窑烧造，入元以后南北诸窑多有烧制。元代前期的玉壶春瓶多承袭宋代形制，敞口，颈部瘦长，颈以下渐广，至近底处内收，腹呈椭圆状，圈足微外撇。元末明初玉壶春瓶的形制多为短粗颈，腹部肥大。明、清两代，玉壶春瓶器身普遍比宋、元器矮粗，并成为传统器形一直延续至清末。从形制来看，阳城县出土的茶叶末釉玉壶春瓶当属元末产品。

5. 明丽

明代的制瓷手工业进入了一个新的发展阶段，瓷业格局也发生了重大变化。入明后，宋元时代的一些瓷窑衰落或停烧。而延续下来的瓷窑，如浙江省龙泉窑、江西省吉州窑、江西省景德镇窑、福建省德化窑、河北省彭城磁州窑、河南省钧窑、山西省霍州窑和陕西省陈炉耀州窑等，或继续烧造自己的传统品种，或在烧造传统品种的同时增烧青花瓷，甚至索性只烧青花瓷。不过大多数瓷窑发展平平，有的甚至逐渐衰落渐至停烧。只有景德镇窑、龙泉窑和德化窑等少数窑场保持了良好的发展势头，特别是景德镇窑发展尤为突出，成为时代的佼佼者。正所谓宋金时期的百花齐放，经由元代的过度，变成了几乎由景德镇一枝独秀的局面。

值得一提的是，除了举世闻名的景德镇窑青花瓷，还有德化窑的白瓷以及山西的琉璃、珐华器也小有名气。此外，一些小规模的窑场，产品虽算不上精细，但各有特点且注重实用性，多供应本地或周边居民日常生活使用。

（1）青花瓷碗

出土于泽州县陡坡村明代张光奎墓（图94）。口径8.8厘米，通高4.5厘米。敞口，尖唇，斜弧腹，圈足。胎色洁白，胎质坚硬。外腹釉下青花描绘缠枝花卉，间以八宝图案，内壁口沿处弦纹内饰波浪纹。

所谓青花是白釉青花瓷器的专称，属于高温釉下彩。是用含氧化钴的钴土矿作为原料，在瓷器胎体上描绘纹饰，再罩一层透明釉，经高温还原焰一次烧成。从目前的考古发现来看，我国最早的青花瓷器出现在唐代。1975年，江苏省扬州唐城遗址出土了一件瓷枕残片。该枕面釉下用蓝彩绘出菱形轮廓线，菱形四角各绘一圆形略如花朵的纹饰，菱形线内再绘一个小菱形轮廓线，中间画出不规则的叶形纹饰。经测试，该瓷枕枕面蓝彩使用的是钴料。学界多认为其或已属青花瓷，在当时引起了很大的重视。而

图94　泽州县陡坡村明代张光奎墓出土青花瓷碗

后又在黑石号唐代沉船、河南省巩义窑唐代窑址中发现了此类青花标本，这些均可表明唐代确已开始烧造青花瓷器。

不过与元代景德镇成熟青花瓷相比，唐代青花瓷还只是处于原始阶段。元青花纹饰清晰华美，蓝色静谧，釉色呈现白中微闪青。元青花所使用的钴料不尽相同，可分为进口料和国产料两种。进口料的特点是钴料中锰含量少，含铁量高，且含钾。而国产料则是含锰量高，铁含量低。用进口料绘制的青花纹饰色泽浓艳，釉面有黑色斑点。国产料绘制的图案色调较淡，没有黑斑，所绘纹饰较简单。

明代青花成为瓷器的主流，并在景德镇设立了御窑厂，青花瓷也是其主要产品。御窑厂，又称"御器厂"，是明清两代专为宫廷烧造瓷器的场所。明洪武年间（1368—1398）设置，在今江西省景德镇市珠山区。所烧瓷器精美绝伦，不计工本，仅明宣德、嘉靖年间所烧瓷器即达80万件。相对于民窑瓷器而言，御窑厂产品也被称作"官窑器"。文物考古界对景德镇珠山御窑厂的考古发掘，取得了较大的收获，也为研究御窑厂及其产品提供了非常重要的资料。可是目前对于民窑瓷尤其民窑青花瓷的情况，还是缺少系统的整理和研究，多是将御窑厂官窑青花瓷的研究成果，直接套用于民窑青花瓷之上。而如今在收藏鉴宝热潮的刺激之下，普罗大众关注更多的也是御窑厂生产的"官窑"青花。

该青花瓷碗出土于张光奎墓，此墓葬位于晋城市泽州县大阳镇陡坡村。1987年，晋城市郊区文物工作者发现并对其进行了清理。该墓为砖室墓，有椁有棺。据《明史》记载："张光奎，泽州人。仕至山东右参政。崇祯五年（1632），流贼蹒山西，监司王肇生以便宜署歇人吴开先为将，使击贼，战泽州城西。贼败去，从沁水转掠阳城。开先恃勇渡沁，战北留墩下，击斩数百人，炮尽无援，一军尽没。贼乃再犯泽州，光奎方里居，与兄守备光玺、千总刘自安等率众固守八日，援兵不至，城陷，并死之。泽，大州也，远近为震动。事闻，赠光禄卿，光玺等赠恤有差。"《凤台县志》亦有记载："张光奎，字聚辰，养蒙之子，以任之五迁，守辰州能其官，仕至山东右参政……事闻，赠光禄卿，光玺等赠恤有差，官两子，顺天教授，季子茂和荫职工部员外。"由此可知，张光奎是出生于名门望族的忠义之臣，死后当是以朝廷三品官员的身份厚葬的。该墓出土随葬品数量可观，有瓷器、银器、铜器、锡器、玉器、紫砂器和琉璃器等，共计二百余件，现藏于晋城博物馆。尤其是一批造型生动的琉璃俑、家具、供品等，规模之大、品种之全，在晋城市所发现的明代墓葬中实属罕见，对于研究明末晋东南地区的丧葬习俗、舆服制度、生活方式和手工业发展状况等有重要意义。

（2）琉璃俑

出土于泽州县陡坡村明代张光奎墓（图95）。这些俑均为低温铅釉陶俑，釉色以绿釉为主，黄釉、褐釉和黑釉为少数。吴小晋先生在《简述明代张光奎墓出土的琉璃俑》一文中介绍，张光奎墓出土的琉璃俑有百余件，大致可分为人物俑（图96）和动物俑（图97）两大类，均设有底座。人物俑一般高30厘米左右，身首分制，以男侍俑为主。男侍俑均圆脸敦厚，按照服饰的异同可将其分为两类：一类头戴椭圆形直筒帽，上穿窄袖

图95　泽州县陡坡村明代张光奎墓出土琉璃俑

图96　泽州县陡坡村明代张光奎墓出土人物俑（局部）

紧身右衽短衣，下着折有密褶的短裙，足登高筒靴，或双手持平呈捧物状，或一手贴身下垂，或一手上举呈抬轿状；另一类头戴圆边尖顶毡帽，内穿右衽窄袖长袍，腰系腰带，外罩对襟长马甲，大多双手错落置于胸前，疑为仪仗俑。张光奎墓中出土的女俑较少，大多面颊丰满，细眉凤眼，身着对襟长袍，腰系腰带，下着百褶裙，捧盆而立，其头上所戴帽子尤为特别，圆形帽顶的上方均立有一条高高隆起的带饰，疑为近侍俑。此墓中出土的动物俑大都形体较小，风格朴拙。

图97 泽州县陡坡村明代张光奎墓出土动物俑（局部）

此外，该墓出土的一些琉璃日常用具模型也十分精致。此类模型种类繁多，除有供桌、脸盆架、衣架、屏风、床、百宝箱、礼盒、花瓶、香炉、灯等室内家具摆设外，还有磨盘、杵臼等家庭劳作工具（图98）。

图98　泽州县陡坡村明代张光奎墓出土日用家具陈设模型（局部）

　　虽然这些琉璃俑和琉璃日常用具并没有琉璃建筑构件那样的题记，没有标明其产自何地、由哪些工匠制作，但明代是阳城乔氏琉璃的繁盛时期，产品丰富、行销四境，因此这些琉璃俑可能也产自阳城乔氏匠师之手。

（3）黄绿釉琉璃雕龙拔步床

　　出土于晋城市明代隰川王家族墓（图99）。高47.6厘米，长42.7厘米，宽21.8厘米。

图99　晋城市明代隰川王家族墓出土黄绿釉琉璃雕龙拔步床

　　拔步床，又叫八步床，是汉族传统家具中体型最大的一种床。拔步床在《鲁班经匠家境》中被分别列为"大床"和"凉床"两类，其实是拔步床的繁简两种形式。拔步床为明清时期流行的一种大型床，大致可以分成两类：一类是廊柱式，另一类是围廊式。据此，晋城市明代隰川王家族墓出土的这件拔步床当属廊柱式。不过从它的尺寸来看，其应该是模型明器。

　　隰川王家族墓并没有发表正式的发掘简报，我们只能根据相关简讯或报道来对其进行简要介绍。2004年2月，晋城市文物考古部门在晋城市果品冷库院内发现该墓地并对其进行了考古发掘。据相关报道，此次共发掘墓葬5座，其中2座被盗，3座保存完好。墓门均为砖筑仿木结构，墓室有彩绘壁画。其中，2号墓内有精美的"金乌"和"膳食使者"壁画。此处墓群出土随葬品非常丰富，有琉璃器、金银器、玉器、古钱币、石碑等。4号墓内的琉璃仪仗俑规模宏大，显示出墓主人的身份和地位。安建峰先生在《晋城果品冷库院出土明墓群墓主身份探渊》一文中，根据墓葬出土的《皇明隰川王府奉国将军慎齐公元配淑人钟氏合葬墓志铭》《皇明隰川王府奉国将军慎齐公墓志铭》《皇明隰川王府诰封辅国中尉少亭公墓志铭》《皇明隰川镇国中尉竹亭公配恭人阎氏合葬墓志铭》等墓志，分析认为该墓群的主人为隰川王朱迅爆的后裔，他们同属于隰川王府。《泽州府志》记载，初封明代隰川王的是代简王朱桂第十子，后于明天顺五年（1461）迁于泽州（今晋城市城区）。

　　（4）琉璃狮

　　出土于阳城县（图100）。长17厘米，宽11厘米，高16厘米。与盖脊瓦烧制在一起，呈蹲坐状，通体施绿釉。此类器物形制属脊兽的一种，一般安装在古建筑屋顶的翼角上，既是封护翼角两坡瓦垄交汇线的防水构件，又是华丽生动的装饰构件。

　　此类琉璃脊饰，在阳城地区古代建筑之上十分常见。如阳城汤王庙献亭上的吻兽、脊饰、瓦件、沟滴、排山、悬鱼、博风等，均以琉璃为之。汤王庙吻兽背面腰部有题记，为明成化十七年（1481）本县道济庙匠人乔赟等人所造。该吻兽为白坩土作胎，施黄、绿、蓝、白、酱五色釉。大吻上爬一小龙，昂首向天；吻尾似鱼尾分叉，尚存辽代古制。脊侧行龙神形各异，垂脊下端雕一完整行龙作垂兽，面形狰狞，姿态凶猛，四角嫔伽端

图100　阳城县出土琉璃狮

图101　瑞士玫茵堂收藏耀州窑童子执荷青瓷枕
（图片引自刘涛《宋瓷笔记》，第287页，图42）

坐脊头，雄健威武。因此，笔者推测阳城县出土的这件琉璃狮也应出自阳城乔氏匠师之手。

　　本书只是选取了各个时代具有代表性的器物，沁河流域山西区域出土的古代瓷器绝对远不止于此。据笔者所知，在沁源县城南砖厂一座宋金时期墓葬中还出土1件耀州窑童子执莲青瓷枕和1件白釉珍珠地划花枕。前者与瑞士玫茵堂所藏作品如出一辙（图101），甚至可能出自同一制瓷工匠之手；后者有介休洪山窑的产品风格，亦精美异常。

三、交流传承

1. 交流

"交流"有交换、流通和沟通之意。本书所说的交流，自然是与沁河流域山西区域古代瓷业相关的交流，主要包含产品的流通和窑业技术的传播。对于此种交流的探讨，我们将主要以出土瓷器为依托，进而揭示其所蕴含的交流信息。因为出土瓷器这一真实的历史遗物，既可表露产品的流通，又可呈现窑业技术的传播。

从现有考古资料来看，沁河流域山西区域出土瓷器中时代最早的可至唐代，而后历经宋、金、元，直至明清均有大量发现。无论时代早晚，该区域出土瓷器中多有外地窑场产品的输入，如唐代邢窑的白瓷唾盂、宋代介休洪山窑的白釉剔花瓷枕、明代景德镇民窑的青花瓷碗等。同时也发现有作为窑业技术传播载体的遗存，比如晋城市城区唐三彩窑址及其产品，还有泽州县柳树口镇常角村和东南庄村两处生产钧釉产品的窑址。不过，产品的流通和窑业技术的传播，有的时候则是相辅相成、相互促进，并不能完全将二者分割开来。这也就是说产品的流通可能促进窑业技术的传播，而窑业技术的传播也可能利于产品的流通。

（1）类银类雪

沁源县出土的唐代白釉瓷唾壶，造型优雅、质量上乘，具有唐代邢窑白瓷的典型特征。唐代著名的茶学家陆羽在他写的《茶经》中说："若邢瓷类银，越瓷类玉，邢不如越，一也。若邢瓷类雪，则越瓷类冰，邢不如越，二也。邢瓷白而茶色丹，越瓷青而茶色绿，邢不如越，三也。"陆羽认为"邢不如越"主要是从饮茶的角度来判断的，并不是说邢窑白瓷不如越窑青瓷精美。而陆羽对邢窑白瓷"类银类雪"的描述也正是对邢窑产品的一种肯定，"类银类雪"这一形象的比喻也被后人广为传诵。

邢窑位于河北省内丘县和临城县，此地在唐代隶属于邢州，故名。从业已发表的研究成果来看，邢窑的烧造年代大致为北朝晚期至元代，其中大约始烧于北朝晚期，兴盛于隋唐时期，五代开始衰落。隋唐五代时期，邢窑以烧造精美的白瓷而闻名于世，它是唐代瓷业"南青北白"格局中

"北白"的领衔瓷窑，在国内流布范围很广，还曾作为贡品进奉给唐代宫廷，同时也曾远销至日本、印度、伊朗和伊拉克等国家。

沁源县出土有邢窑白瓷，这应该可以表明邢窑的产品曾流通至沁河流域山西区域。这种流通可能是直接的，抑或是间接的。也就是说邢窑的产品可能直接流通到该区域，也可能是先流通至其他地区而后再流通到该区域。

在古代，商品货物的运输主要依靠陆路和水路，瓷器的运输自然也不外乎采用这两种运输方式。但是瓷器毕竟属于易碎品，如果采用陆路运输销往远方的话，一来途中瓷器的损耗大，二来运输成本较高。所以，陆路运输一般多用于瓷器的就近销售，而瓷器的长途运输则主要依靠水路。已有的考古发现也为瓷器的水路运输提供了最直接的证据，如淮北柳孜运河遗址出土了大量隋唐宋元时期产自全国各地的瓷器，这正是瓷器水路运输尤其是内河运输不可多得的实物资料。综观全国各主要古代瓷窑遗址，均位于水运便利之处，一来出于瓷器生产阶段的用水方便，二来也是为了瓷器流通阶段能够更快捷地利用水路进行销售等。正如陕西铜川黄堡窑窑神庙宋元丰七年（1084）《宋耀州太守阎公奏封德应侯之碑》碑文所载："……陶人居多沿长河之上，日以废瓷投水，随波而下……"

根据目前的考古发现，邢窑的唐代窑场主要分布在太行山东麓的山前丘陵和平原地带，位于今泜河和李阳河两岸。如今的泜河和李阳河同属海河流域，均是滏阳河的支流。泜河直接汇入滏阳河，李阳河则经白马河、南澧河汇入滏阳河。如今的滏阳河是子牙河的支流，而历史上的滏阳河则可能曾是漳河的支流。《滏阳河灌区志》一书认为："明成化十一年（1475）在磁州州判张珵主持下，于磁县东北开河村的漳滏合流处疏滏北流，自邯郸东过广平府（府治在今永年旧城）通直沽河，这是滏阳河上段脱离漳河之始，也是今滏阳河河道之雏形。"漳河上游由两河合一，分别为清漳河和浊漳河，均发源于山西省长治市。由此似乎可以初步推断，唐代邢窑产品输入沁河流域山西区域的水路运输路线，就是经滏阳河再通过漳河到达今山西省长治市境内，然后再选择通过陆路或继续选择水路进行下一步的销售。

（2）大唐三彩

目前来看，晋城市城区出土的唐三彩骆驼俑，产自晋城三彩窑的可能性很大。虽然这件唐三彩骆驼俑可能产自本地而非外地输入产品，但是晋城三彩窑烧造三彩的工艺委实不属本地传统。那么，这件唐三彩骆驼俑和晋城三彩窑所体现的三彩工艺应是本地对外交流、相互影响的产物。

"唐三彩"之名不见于唐代文献，被世人所知是在20世纪初。1905—1909年，清廷修筑陇海铁路期间，在洛阳北邙山山麓损毁了一批唐代墓葬，墓中出土了数量可观的三彩器，有日用器皿、动物俑和人物俑。古董商们将其运往北京，引起了王国维、罗振玉等著名学者的赞赏和重视，从此这类器物开始为世人所珍，唐三彩之名也顿时蜚声中外。随着河南省巩义市大、小黄冶窑，陕西省铜川市黄堡窑，河北省内丘县西关窑址和陕西省西安市唐长安醴泉坊三彩窑址的陆续发现，使人们对唐三彩的烧造历史有了不断深入的认识。为了探讨晋城三彩窑址与这些窑址的技艺交流或渊源，本书将对各地的三彩窑址进行简要介绍。

河南省巩义市黄冶窑址发现于1957年，是我国最早发现的一处唐三彩窑址。北京故宫博物院的冯先铭先生首次对其进行了实地考察，其后河南省文物考古工作者又对该窑址进行了多次调查和试掘。据相关统计，1976年的考古试掘和历年来的实地调查，共收集唐三彩和低温单彩标本上万片，另有数百件素烧器物，以及逾百件的窑具和模具等。该窑三彩器物并不都是三种釉色，还有单彩和双彩。釉色主要为棕黄色、黄色、绿色、深绿色、白色、蓝色、赭色和褐色等，单彩者以棕黄和深绿为最多。黄冶窑唐三彩以高岭土为胎料，烧成后胎体一般呈灰白色，也有的为粉红色。为了使釉色晶莹透亮，不少日常生活用器的胎体表面会再罩一层白色化妆土。三彩制品的种类丰富，大致可分为生活用具、俑、模型和玩具等四大类，代表性产品主要有炉、洗、盘、豆、罐、瓶、枕和各种俑类。总体来说，巩义黄冶唐三彩窑既生产实用的日常生活用具和小型玩具，又生产作为陪葬品的模型明器、人物和动物俑。器类丰富多样，几乎涵盖了当时社会生活的各个方面。而巩义黄冶窑的唐三彩产品究竟创烧于何时，目前尚无确凿的证据，只能笼统地定为初唐。

陕西省铜川市黄堡窑的唐三彩窑址发现于1984年。陕西省考古研究所对该窑址进行了大规模的考古发掘，共揭露出唐三彩作坊1处和窑炉3座，出土有大量的唐三彩、低温釉单彩器物、陶范和支烧工具。黄堡窑的三彩器釉色主要有赭、黄、绿、白、褐、黑等数种，还发现有赭色釉、黄色釉、绿色釉等单彩器和釉层里呈黄、绿色的双彩器，但发现最多的还是三色或三色以上的多彩器。胎体绝大多数使用高岭土，胎色发白或白中泛红，烧成后比较坚硬。产品可分为日用器皿、陶塑和建筑构件等多种类别，这些产品的烧造时代大致为盛唐和中唐时期。

河北省内丘县西关窑是唐代邢窑的主要窑场，以烧制白瓷闻名天下。1984年，在该窑址调查发现了三彩遗存，主要有三彩三足炉、三彩杯和三彩盘。这些三彩器主要发现于第四期，与白瓷玉璧足碗同出，应是中唐时期产品。邢窑的三彩三足炉颈长、肩阔、足矮，肩腹部的凸棱突出，其釉色浓重暗淡，不如巩义黄冶窑的三彩炉艳丽。由于未经大面积发掘，这里的三彩制品仅发现区区数种，也不见三彩俑类。

唐长安醴泉坊三彩窑址位于今西安市西门外西关正街——丰镐路以南、草阳村及劳动南路以西、原西安民航机场跑道北端偏东处，现为西北民航局家属楼区。史念海先生研究认为，原西安民航机场中部和北部所在的区域就是唐长安城的醴泉坊。1998年6月，张国柱先生首次发现了该窑址。1999年3月，张国柱和李力又从西北民航管理局住宅楼间的管道沟两侧的土堆中，拣选了一些三彩器残片及模具残块等。1999年5月上旬至7月初，陕西省考古研究所对残存的窑址进行了考古发掘。本次发掘共清理出唐代残窑址4座，灰坑10个和近代墓葬1座。出土有三彩、单色低温釉和素烧器等与三彩相关的产品，还发现一定数量的白瓷、外黑釉内白釉瓷器等。该窑址本次发掘的三彩产品，以红黏土为主体原料，与其他窑址三彩器的原料判然有别。三彩釉色的组合中，以黄色、绿色和白色为常见组合，还有一些加入了蓝色。有些甚至以蓝釉或蓝花为主，其他色彩为点缀，或可称之为蓝花加彩。从这些三彩残件的胎体素地来看，以红胎为主，通常外表施有白色化妆土；也有少量胎体为白色。这些三彩器器型不大，没有发现复杂的堆塑和贴花等装饰。产品以日用器皿为主，还发现有少量建筑用陶、宗教用品（佛教弟子造像残块）和人物俑及狮子造型的残片，而作为明器的三彩俑发现数量很少。发掘者通过对发掘出土遗物进行共存结构分析和分类年代比较，认为本次发掘的窑址的全盛时期大致在唐玄宗开元后期至天宝年间，也就是公元8世纪30年代后期至50年代中后期。

从目前的考古发现来看，晋城市城区在唐代三彩窑之前尚无制瓷传统，这种交流更多的应属于窑业技术交流。晋城三彩窑三彩产品的胎体除去生烧的土黄胎和过烧的青灰胎，还有灰白胎和粉红胎，这与铜川黄堡窑三彩制品的胎体相似。晋城三彩窑制品的釉色以黄、绿、白三彩为主，也与陕西铜川黄堡窑产品的釉色风格相近。而且整体来看，二者都没有发现巩义黄冶窑和长安醴泉坊窑所用的蓝釉。当然也可能是由于晋城三彩窑未经过科学的考古发掘，只是略显仓促的地表采集，所以还没有发现此类标本。不过更可能是因为唐三彩中的蓝釉采用氧化钴作为着色剂，而钴料在唐代仍属于稀缺之物，并且学界多认为此种钴蓝釉有着异域风格，如此难得之釉料可能只有在长安和洛阳这样的大都市才易获得，而很难在其他地区的窑业生产中使用。通过对各窑址的窑具进行对比分析，可以发现晋城三彩窑窑具中的三叉支钉和垫圈，也与铜川黄堡窑的窑具形制相类似。由此，似乎可以初步认为晋城三彩窑应与铜川黄堡窑的渊源更深，受到黄堡窑技术传播的可能性更大。另外，虽然邢窑唐三彩窑址所在地和晋城地缘更近，但是由于对二处窑址所做的考古工作都不够充分，使我们对其基本面貌和内涵不甚了解，晋城三彩窑址与邢窑唐三彩窑址是否有直接关联，可供比对的材料也不够充分，所以目前对于二者的关系尚不能做出判断。

铜川黄堡窑对晋城三彩窑的影响是直接的还是间接的，从现有的材料来看，似乎还不能得以洞悉。不过无论是直接的交流，还是间接的影响，晋城三彩窑的产生都应该是人口迁徙的结果。晋城地区唐代之前并无制瓷传统，所以这种窑业技艺的突然出现当是伴随着外地制瓷工匠的到来而产生，也可能是由本地居民前往外地学艺而带回的。目前，笔者认为前者的可能性更大一些。唐代人口迁移的问题已有很多学者对其进行了研究，大体上包括政府组织的移民、官僚士族的迁移和一般用户的自发迁移。而晋城三彩窑制瓷工匠的迁入，更可能属于一般用户的自发迁移。一般用户的自发迁移，多为战争之下的迁移和封建赋役压迫之下的逃亡。唐末的黄巢起义造成了当时社会的动荡，山西地区受其地理位置的影响，社会环境相对稳定。结合这一历史背景应该可以初步推断，晋城三彩窑业技术的出现可能是外来工匠，尤其是关中地区窑工为躲避战乱而自发迁入的结果。当然，此推断还略显主观，该窑址制瓷工匠的迁移具体属于哪一种，还有待更多资料的发现来支撑进一步的探讨。

总之，对于晋城三彩窑渊源的问题，我们委实想从现有资料中做一探究。但怎奈窑事细微，有很多湮没无痕而不可测知者。所以，上述说法不免挂一漏万、顾此失彼，目前只怕是很难说清楚的。

（3）剔花填彩

沁源县出土的宋代白釉剔花瓷枕，其产地尚不能确定。不过就目前来看，该瓷枕应非沁河流域山西区域瓷窑的产品，因为该区域瓷窑址中尚无白釉剔花工艺的发现，且结合白釉剔花工艺产生和发展的过程来看，即便是日后在该区域古代瓷窑遗址发现类似产品，也应属技艺交流的产物。

剔花是瓷器装饰技法之一。白釉剔花是先在施化妆土的器物上划出花纹，然后用扁平状工具剔去花纹轮廓以外的化妆土，露出颜色较深的胎体，最后施无色透明釉即可入窑烧制。白釉剔花可说是利用化妆土的一种装饰工艺，其一般使用含铁量较高的胎体，烧成后呈现灰色、褐色、赭色或黑褐色，与化妆土烧成后的纯白色形成鲜明对比。通过剔、划的技法，形成不同颜色的视觉对比效果，增加了装饰的立体感。划花工艺在剔花图案中多同时使用，故也有人称之为"白釉剔划花"。

目前学术界多认为，白釉剔花装饰由河北磁州窑首创。磁州窑自北朝创始，历经隋唐，宋金元时期繁荣鼎盛，再经明清至今。其产品种类繁杂，器物造型古朴，装饰艺术生动，富有浓厚的民间气息。磁州窑的窑场主要位于河北省邯郸市磁县和峰峰矿区境内太行山东麓的漳河、滏阳河流域，尤以漳河流域的观台窑和滏阳河流域的彭城窑为中心窑场。迄今为止，尚未发现早于观台窑第一期前段即北宋初期（10世纪后半叶）的出土白釉剔花瓷器。所以这种装饰技法可说是磁州窑的首创，并在磁县观台窑创烧之始就已采用。至于这种装饰技法的渊源，秦大树先生在《白釉剔花装饰的产生、发展及相关问题》一文中认为，这是模仿金银器装饰中的局部鎏金技法。局部鎏金主要用于银器，只在有花纹的部位鎏金，文献称之为"金花银器"。这种装饰在唐代银器中非常流行，又以晚唐时期最发达，五代、北宋时期仍有余绪。

白釉剔花装饰工艺的传播范围比较广泛，影响力遍及河南、河北、山东、山西等北方地区。其中，河南地区的剔花瓷器又可分为两种。一种与观台磁州窑最初的做法相同，就是把花纹以外的化妆土剔去，不伤及胎体。另一种则是将化妆土全部剔除之后，还要剔去一层胎体，从而使胎色更深，有学者称之为"深剔花"，甚至还有人称其为"刻花"。河南地区生产白釉剔花瓷的时代较早，焦作地区的瓷窑和鹤壁集窑同属太行山东、南麓区域，大约都是从北宋中后期开始模仿磁州窑而生产的白釉剔花瓷器，焦作地区窑场生产白釉剔花瓷器的时间可能还要略早于鹤壁集窑。而在以郑州为中心的河南中西部地区，北宋中期前后就已开始生产白釉剔花瓷器。

从业已发表的资料来看，山西地区生产白釉剔花瓷的窑场主要有浑源窑（包括界庄窑、大磁窑和青磁窑）、怀仁窑（包括小水峪和鹅毛口）、朔州下磨石沟窑、介休洪山窑、交城磁窑头窑、太原孟家井窑和尖草坪窑、河曲阳坡泉窑、河津北午芹窑、宁乡西坡窑、临汾龙祠窑等，由此可见白釉剔花装饰在山西地区也十分流行。山西地区窑场白釉剔花装饰的特点是剔去的面积都比较大，有时剔花不仅修饰主花纹，还用到开光以外，起到代替锦地的效果。根据沁源县出土白釉剔花瓷枕的工艺、造型和胎釉特征，结合其枕孔所在位置，初步推断该瓷枕可能产自山西介休洪山窑。

介休洪山窑在借鉴了磁州窑白釉剔花装饰技法的同时，结合实际情况，烧造出具有自身特色的白釉剔花产品。这其实也体现了一种技艺的交流，只不过对于沁河流域山西区域来说，这还只是停留在产品交流的层面。而且无论该瓷枕最终是否被确认为介休窑产品，其产自本区域以外瓷窑这一点应该是可信的。

另外，晋城市城区也出土了一件剔花瓷器——绿釉剔花填彩瓷枕，与剔花工艺不同的是其在剔地上填以彩绘。秦大树先生认为，剔花填彩是在白釉剔花装饰工艺基础之上，由河南焦作修武当阳峪窑创新发展而来。在剔地上所填的彩不仅有黑褐色，还有茶褐色，因此这种装饰主要起到了掩饰胎色不纯或较粗的缺陷。虽然说当阳峪窑最早使用的剔地填彩工艺是在白釉瓷器上，但是这种具有其自身特色的装饰肯定也会用于其他釉色瓷器之上。晋中、晋南地区的窑场模仿当阳峪窑，也生产剔花填彩瓷，有时一件器物只是部分填彩，部分保留胎色，增加了装饰的层次感。不过根据晋城市城区出土的这件绿釉剔花填彩瓷枕的剔花填彩工艺，再结合其胎、釉和造型，笔者初步推断该瓷枕应为河南修武当阳峪产品。当阳峪窑所在地与晋城市城区均属于沁河流域，所以该件瓷枕的输入方式应该是利用了沁河的水路运输。

（4）胡汉之间

从阳城县东关古瓷窑址采集的鸡腿瓶标本来看，其制作工艺系该瓷窑固有技术。但是此类鸡腿瓶在造型上有所变化，并未像金代女真人喜用的鸡腿瓶那样——最大腹径明显大于底径。这可能是因为该区域的女真人已开始定居生活，腹径过大、底径过小则会导致重心不稳，使用起来不方便。另外，从这件器物的造型中，我们还可以发现其已开始流露出梅瓶的韵味，而现在一般认为梅瓶是汉人喜用之物。这或许正如有的学者所言，中原地区宋元时期流行的梅瓶，有可能是鸡腿瓶汉化的产物，甚至还有的学者直接称此类作品为梅瓶。

鸡腿瓶这一极具游牧民族特色的器物在金代该地区的烧造和使用，似乎可成为本地区在金代民族融合的又一例证。而促成这种民族融合的客观条件，当与山西地区在金代出现的几次大规模人口迁移有关，尤其与女真人的大量迁入有密切联系。从文献史料中，亦可以获取一些信息。宋徽宗靖康元年（1126），李若冰作为北宋派遣朝仪和使途经晋地时，看到女真军队占领地区已经是"番汉杂处"。金代女真人占据山西后，由于残酷掠夺，造成山西地区土地荒芜，农业凋敝。"绍兴议和"之后，为了有效地统治汉人，统治者以猛安谋克为单位，将大批女真人迁入山西地区。《金史·卷四十四·兵志》记载，置猛安谋克军于边境州三十八，要州十一，总共四十九。在今山西境内的边境州有河东北路的保德州和隩州，要州有河东北路的太原。《大金国志·卷八·太宗纪六》记载，到了金天会十一年（1133）秋，"悉起女真国土人散居汉地。女真，一部族耳。后既广汉地，恐人见其虚实。遂尽起本国之土人棋布星列，散居四方。令下之日，比屋连村，屯结而起。"从这些文献记载来看，金代是山西地区民族和人口构成剧烈变化的时期，这客观上造成了民族间的大杂居，为各民族文化的交流融合奠定了基础。

而考古资料似乎也可映现这些文献记载，如1959年发掘的山西侯马西郊牛村金大安二年（1210）董氏夫妇合葬墓。该墓为方形单室砖墓，墓室内有砖雕装饰，属于金代山西地区汉人常用的墓葬形制。发掘者根据买地券铭文将墓主人姓名释读为董玘坚，不过后来宿白先生和徐苹芳先生又重新考证其应为董玘坚傃，宿白先生认为此姓名不像汉人名字，而在女真改姓的规定中，女真姓木虎的改为董。由此，似乎可以证明侯马地区金代也有女真人生活。虽然前引文献史料并没有直接记载金代女真人迁至沁河流域山西区域，但侯马地区与该区域相毗邻，在侯马地区发现了可能原为女真人的董玘坚傃墓，由此推想沁河流域山西区域想必也应存在女真人与汉人杂居生活的情况。而如今在阳城东关古瓷窑址和晋城市城区发现的金代鸡腿瓶，也为此提供了更加直接的证据。

至于为什么在该地区会有鸡腿瓶这一具有游牧民族特色器物的制作和使用，原因无外乎以下几点。一来可能是因为此区域或临近地区有女真人在此生活，他们对鸡腿瓶有种特殊的依赖和需求，自然会在制瓷工匠那里定烧，抑或是制瓷工匠为了迎合女真人的需求而主动烧造；不过因为金代女真人仰慕中原汉族文化，如熙宗时"雅歌儒服"，海陵王"见江南衣冠文物，朝仪位著而慕之"，虽然后来世宗、章宗为保护女真旧俗，禁止女真人着汉服，但是女真汉化已成风尚。本次调查发现的这件有梅瓶韵味的鸡腿瓶，或许正是女真汉化的产物。二来可能是因为女真人和汉人杂居，女真人的习俗也对汉人有较大的影响。除却女真人强加给汉人的习俗，如《大金国志·卷五·太宗纪年三》记载，金天会七年（1129）"行下禁民汉服及削发不如式者死"。随着后来女真人大量南迁，汉人与之接触增多，女真人的衣服、发式等也在汉地逐渐流行起来，甚至传至南宋地区。陆游的《剑南诗稿》卷四便有诗云："上源驿中搥画鼓，汉使作客胡作主，舞女不记宣和妆，庐儿尽能女真语。"范成大的《揽辔录》也记载："民亦久习胡俗，态度嗜好与之俱化，最甚者衣装之类，其制尽为胡矣。"所以，女真人受到汉人同化之时，汉人可能也相应地接受了女真人的文化，那么此种具有梅瓶风韵的鸡腿瓶系汉人使用也不无可能。

无论是出于哪种原因，鸡腿瓶在该地区的发现和烧造，鸡腿瓶原始造型和梅瓶风格的结合，均可以体现民族融合之深入。而且除了金代的鸡腿瓶，本区域出土的元代高足杯，也被认为代表着草原游牧文化。元代高足杯一般被认为马上民族——蒙古族在马上使用的盛装液体的器皿，此类器物在农耕文化区的发现，也是民族融合的一种体现。所以，沁河流域山西区域不仅是产品和技艺等物质文化交流之地，也是精神文化交融的场所，更是民族融合的熔炉，这些无不体现着一种兼收并蓄的博大胸怀。

（5）钧釉谜云

晋城市泽州县东南庄村和常角村均位于柳树口镇，地理距离相对较近。两处古代瓷窑烧造的釉色品种和产品类别也基本一致，器物的釉色均以天蓝色为主，还有少量月白色或天青色釉，与所谓的钧釉较为接近。尤其是碗、钵的口沿部位釉层稀薄处透胎，显示出"铜口"，底足露胎者有的胎色呈褐或紫褐色（即所谓芝麻酱色），这些特征更与钧窑产品相若。所以，二者应同属钧釉风格的窑场。

说起钧釉，势必要提到钧窑，因为学界一般认为钧釉就是钧窑创烧的。钧窑遗址位于今河南省禹州市，主要分布在钧台、八卦洞和神垕镇等地。钧窑之名的由来，目前仍有着不同的观点。有人认为禹州在宋代被称为"阳翟县"，金大定二十四年（1184）改名钧州，钧窑便是因钧州而得名。李辉柄和赵青云等先生则认为钧窑因古钧台而得名。叶佩兰先生近年来又考证钧台一地历来就有且渐成名胜，而钧州和钧窑都是因钧台而得名的。有关河南省禹州市烧造瓷器的记载，最早约见于明代中期文献，明代晚期相关的记载逐渐增多，而且出现了"均州""均窑"和"均州窑"之名。然而河南禹州市在历史上从未被官方定名为"均州"，明万历三年为避讳万历皇帝朱翊钧之名，则将钧州改称禹州。其时至明代灭亡，人们将"钧窑""钧州"中的"钧"字写成"均"，想必也是因为避讳。因此，有学者认为在搞清楚"均窑"称谓之由来后，再把"钧窑"的"钧"字写成"均"就不合适了，而应还钧窑本来之称谓。

钧窑瓷器主要是以其与众不同的釉料而闻名于世，这种釉便被称为"钧釉"。如今，学界多认为所谓钧釉是一种不透明的乳浊釉，按釉色可分为天青色、天蓝色和月白色，或在天青色、天蓝色、月白色釉上施以紫红色斑，又有玫瑰紫色、海棠红色等铜红窑变釉。特别是其所创烧的铜红窑变釉，可谓千变万化、绚烂缤纷，更是成为钧窑瓷器扬名海内外的最主要因素。按照产品类型来说，钧瓷一般又可分为日用类钧瓷（也被称为民钧）和陈设类钧瓷（也被称为官钧）。日用类钧瓷以天青釉、天蓝釉和月白釉为主，或在这些釉色上再施以紫红色斑；陈设类钧瓷则以玫瑰紫、海棠红等铜红窑变釉更为常见。在泽州县柳树口镇发现的这两座瓷窑烧造的钧釉产品都属于日用类钧瓷，也可称其为民钧。

东南庄村和常角村这两座古瓷窑均属于钧釉风格，与河南钧窑产品应有渊源和相似之处。因此，确定河南钧窑所谓钧釉瓷器的始烧年代，对于判定这两处古瓷窑的烧造时代有一定的帮助。不过关于河南钧窑中钧釉产品的始烧年代，也一直是个争论不休的问题，纷争不息并无定论之势。传统观点认为，钧瓷尤其是"官钧"创烧于北宋时期。不过，近年已有不少学者对这一观点提出质疑。然而整体来看，不同的观点各有所依，但证据又都不够确凿和充分。"北宋说"虽受多方质疑，但依然被一些学界老前辈所支持，从人数上看似乎也仍为主流观点。但是持"北宋说"的一些学者在各种观点的交锋辩论中，也由原来笼统定为北宋这一宽泛概念，转变为北宋末期之说。而认为始烧年代"非北宋说"的观点中，认可度较高的观点是将日用类钧瓷和陈设类钧瓷分开对待，日用类钧瓷的创烧年代在金代，而陈设类钧瓷（又被分为所谓"粗放型"和"精致型"）则在明代，这一观点似有被越来越多学者认同的趋势，笔者也更倾向于此论断。

虽然钧釉瓷器始烧年代这一谜团暂时还不能彻底解开，但是笔者认为不管钧釉或钧瓷创烧于何时，都应该在确定其内涵和由来的基础之上进行科学研究，以考古发现和研究为主要依据，然后再辅以古文献。目前来看，明代之前的文献中并不见"钧窑"之名。郭学雷先生认为自明代"钧州窑"生产陈设类钧瓷开始，钧州窑才逐渐流行开来，时至晚清民国，古董商受利益驱使遂将所谓日用类钧瓷与明代"钧州窑"陈设类钧瓷混称为"钧窑"，并最终形成今人理解的钧瓷或钧釉概念。既然现在已经形成了钧瓷或钧釉的现有概念体系，并认为其应包括日用类钧瓷和陈设类钧瓷两类，所以不管二者是否有直接关联，都应分别论证其创烧年代。

对于钧釉瓷器的渊源，有学者认为钧釉瓷器与唐代花瓷有关，也有人觉得其源于北宋汝窑青瓷。这些观点虽然有不小的争议，但似乎有一个共同点——都有试图将钧窑的烧造年代往前提的意愿，旨在现有基础之上提升钧窑瓷器的文化韵味，挖掘钧窑瓷器的悠久历史。这些美好的意愿倒也无可厚非，但大家还是需要实事求是，从客观资料出发，不能主观臆断。至于钧釉瓷器是否源于唐代花瓷或所谓的"唐钧"，争论双方的证据似乎均不够充分。不过，已有学者研究表明"唐钧"与钧瓷在烧造年代上存在缺环。而将钧釉瓷器与北宋汝窑青瓷相联系的学者中，陈万里先生算是最早的一位，他提出了钧窑的兴起系"代汝而起"。不过这在当时可谓质疑声四起，甚至被学界嗤之以鼻。然而经过对清凉寺、严和店、段店以及河南中西部其他古窑址的考古发掘和调查之后，这一观点现在似乎正在被更多人接受，而我们本次调查发现的这两处古瓷窑为此论断添加了新的有力证据。刘涛先生也认为钧瓷的产生、发展与汝瓷有着密切关系，它最初可能是作为"民汝"的一部分或一个分支，在对汝瓷的仿烧中经历了"亦汝亦钧"的演变过程，而后逐步形成了一个独立的品种——日用类钧瓷。也有学者认为当时这种今日所谓日用类钧瓷因为与汝瓷较为相似，而可能被一并称为汝瓷，这或许正是陈设类钧瓷于明代兴盛之前，文献中并无钧州窑之名的原因。

不过，虽然钧窑可能曾仿烧汝瓷，但是目前还不宜将今日所谓日用类钧瓷的创烧时间与汝窑的烧造时代相提并论，而应以其成为独立品种的时间作为一个节点。诚然，要想准确判断出这一时间节点，着实是非常困难的，目前只能做一大致推断。刘涛先生在《钧窑瓷器源流及其年代》一文中指出，根据现有考古发掘资料，出土有这种日用类钧瓷的纪年墓葬或其他遗存，最早的年代也已进入13世纪，且其大量烧造并形成规模进而成为北方地区具有影响力的瓷器品种，当在金、元时期。泽州县柳树口镇这两座烧造钧釉瓷器古瓷窑的时代为金元时期，与此论断基本一致，两座窑址均烧造日用类钧瓷风格的产品，这也算是钧窑所谓日用类钧瓷在金元时期兴盛和影响力广泛的又一证据。

至于这两处窑场的创烧方式，笔者认为属于外来窑工迁徙至此而创烧的可能性更大。就目前资料来看，该区域此前并无制瓷传统的发现，因而直接模仿烧造钧瓷似乎更不太可能。钧釉属于乳浊釉，对于烧造技术来说要求比较苛刻。再者，这两处古瓷窑址的产品面貌单一，基本全为钧釉产品，尤以天蓝釉为多。说明窑工对烧造钧釉瓷器的熟练和钟爱，抑或是只会烧造此类产品。而此窑址所在地位置偏远、交通不便，在金元时期战乱频繁的时候，此处可以远离兵燹之灾。所以从其选址来看，窑工的目的可能只是在动乱岁月烧制瓷器，以供自己和当地居民使用。当然，在现有资料不足、论证不充分的情况下，这也只是一种推想，并不能成为定论。或许历史事实就是如此，也或许正好相反。总之，还需要更多的实际证据来走近历史的真实。

在做出以上推断之时，不由得又会联想起钧窑研究的现状。谁也不能否认，钧窑及其产品在中国古陶瓷史上有着崇高的地位和无与伦比的魅力。但是，对于钧窑的相关研究还是存在着很大争议，尤其是对于钧窑的命名和始烧年代。可喜的是已经有学者认识到这一问题，并做出了很好的反思。王洪伟先生认为既往的钧窑研究存在着主观臆断、反逻辑推理、循环伪证等方法论方面的问题，而且经常以偶然性推断普遍性，以特殊性推论一般性，进一步造成了钧窑历史研究的混乱；他还强调钧窑的历史研究应秉持一种整体性宏观文化史观，将历史文献研究、考古研究、现代科技分析及烧造实践紧密结合，进行跨学科综合研究，以开创钧窑历史研究的新局面，走出钧窑研究的"空转"困境。当然，这是一种近乎理想化的研究状态，而实际情况却往往差强人意，不可能如此完美。但是不管怎样，最重要也是最根本的还是研究者的态度和学风。正如北京故宫博物院吕成龙先生所言，大家一定要抱着摆事实讲道理的态度，本着实事求是和科学严谨的学风，不能急于求成，切忌感情用事。依据现有资料，通过研究做出推论是可以的，但在事实不充分或证据不足的情况下，只能说是提出某种推断或可能，万不可轻易下结论。

整体来说，对于钧釉瓷器的研究还在不断深入，而其争论性也势必会继续。随着新资料的不断出现，学术观点肯定也会推陈出新，也许刚在旧问题上达成共识，便会出现新的争论。但是，钧釉瓷器的谜云终究会有拨云见日的那一天。前提是大家应该求实，不能感情用事，另外就是一定要对所谓的证据辨别真伪，慎重采用。而笔者也希望泽州这两座金元时期钧釉风格瓷窑的发现，能够对学界同仁进一步研究钧釉瓷器尤其是日用类钧瓷有所帮助。

以上讲述的基本都是外来因素对沁河流域山西地区制瓷业造成的交流或影响，但是作为交流，理论上讲应该是相互的。也就是说沁河流域山西区域有外来瓷器或窑业技术的传入，也应当有本地烧造的陶瓷产品或窑业技术的传出。不过从客观情况来说，该区域古代瓷窑规模不大、影响力也不够，再加上以上诸窑场均未进行过科学的考古发掘，所以要想确定这些窑场及其产品的特征，厘清其窑业内涵，进而有效地对外地出土相似产品或窑业技术进行辨识，还有很大难度。不过，沁河流域山西区域却有一种陶瓷品种独树一帜、产品远播，那便是琉璃，尤其是明清时期的建筑琉璃。更为重要的是明清时期的建筑琉璃之上流行题刻琉璃工匠的姓名，所以这便有助于我们直接、准确地辨识出销往外地的琉璃产品。

（6）溢彩琉璃

梁思成先生认为："琉璃瓦显然代表中国艺术的特征。"而以琉璃瓦为代表的琉璃建筑构件，可说是中国古代建筑的标志性元素，也是极富民族特色的装饰艺术部件。因此，这种琉璃釉瓦等建筑构件也多被直接称为琉璃。

山西不仅是中国古代建筑的宝库，也是我国琉璃艺术之乡。山西地区的琉璃艺术，具有悠久的历史传统。多年以来，学界认为琉璃釉用于建筑之上始于北魏，这从文献记载和考古发现都有所印证。如《格致镜原》引《郡国志》云："朔方太平城，后魏穆帝治也，太极殿琉璃台及鸱尾，悉以琉璃为之。"而在北魏故城平城（今大同）就曾发现有琉璃碎片，坯体掺细沙，绿色浅于汉绿釉；大同云冈石窟窟顶北魏皇家寺庙遗址也出土了一些北魏建筑材料，其中有不少琉璃板瓦。近来，任志录先生又依据天马—曲村遗址"晋氏祠堂"绿釉筒瓦的发现，认为琉璃釉最迟在东汉已用于建筑之上。从这些资料来看，不管建筑琉璃最早何时出现，似乎都与山西有着不解之缘。

琉璃釉一经用于建筑构件之后，发展势头迅猛，到了元明清时期，达到了鼎盛。山西地区的琉璃制造业在这一时期也达到了空前的繁荣，尤以明代为最。据史志文献记载和居民口口相传，元代建造大都（今北京）宫殿时用的琉璃，就是由山西赵姓琉璃匠师烧造的。明清两代修建北京和沈阳的宫殿时，也从山西太原、介休等地，调去了诸多琉璃匠。除了京城之外，山东曲阜大庄琉璃厂的朱氏琉璃匠，明初受朝廷之命，也是由山西迁来修建孔庙的。由此可以看出山西琉璃匠师的技艺非凡，在我国古代已享誉千里。这些优秀的琉璃匠师的精美作品，虽然历经磨难，但在山西地区现今仍保存有较多的琉璃建筑，如阳城海会寺、阳城寿圣寺、介休城隍庙、平遥双林寺和太原纯阳宫等。

明代的琉璃匠师多在其烧造的琉璃建筑构件上留有题记，内容便包含有匠师的名字，这为我们了解山西琉璃工匠提供了直接和准确的第一手资料。从这些题记中，可以发现琉璃匠人的师承关系多为子袭父业，世代相传。众多匠师中，以阳城、介休两地人数为多，延续传承时间最久，其中又以阳城乔氏阵营最强大。阳城乔氏包括东关乔氏和后则腰乔氏，二者应同出一宗，东关乔氏是在清雍正年间迁居于后则腰村的。

阳城乔氏的琉璃烧造技艺精湛，产品自然也备受青睐。阳城地区古建筑中发现有大量的乔氏琉璃产品，如阳城东岳庙、海会寺（图102）、寿圣寺和汤王庙等。

图102　阳城县海会寺双塔（左）和舍利塔第十层局部琉璃建筑（右）
（照片由山西大学文学院麻林森老师拍摄）

阳城寿圣寺塔，平面八角形，十级。塔身平直，塔身壁面及屋檐，全部镶嵌五彩琉璃艺术构件装饰，每层壁面和壁龛内还镶嵌有各种琉璃造像（图103）。在古代琉璃艺术品中，寿圣寺塔可谓集琉璃佛教造像之大成。其塔身一层门洞左侧蓝釉琉璃上，留有题记一方："大明万历三十七年（1609）五月二十二日阳城琉璃匠人乔永丰男乔常正乔常远。"（图104）；塔身五层南向门洞左侧，嵌有绿釉琉璃题记一方："刘村里……

施银贰拾伍两募缘僧慧海大明万历丙辰岁（万历四十四年即1616）仲夏吉日立。"两处题记年代相隔八年，这应该就是寿圣寺塔的施工期。塔身六层门洞左侧，还有李少白的题诗一首："琉璃宝塔创阳陵，天赐乔公来赞成；白手涂形由性慧，红炉点色似天生；神谋不爽魁三晋，巧制无双冠析城；巨业落成垂千古，君名高与碧云邻。"由此可见，当时人们对阳城乔氏琉璃匠师作品的高度喜爱和赞美。

图103　阳城县寿圣寺琉璃塔（左）和塔身局部琉璃造像
（图片引自柴泽俊《山西琉璃》，图版325、326、327）

图104　阳城县寿圣寺琉璃塔
塔身一层门洞左侧蓝釉琉璃题记
（图片引自柴泽俊《山西琉璃》，图版328）

另外，阳城乔氏琉璃产品除了在本地被大量使用外，其他地区也多有发现。

介休市师屯村广济寺殿顶上的脊、吻、刹、兽、龙、凤、狮、麟、仙人和武士等等，均在坯胎之上施以黑色釉彩，釉色明亮，与其他釉色的琉璃制品相比较，风韵截然不同（图105）。天王殿脊刹正面立牌内有题记："大明岁次戊辰（正统十三年即1448）丁巳甲子日重修广济寺住持满潮（上）党琉璃匠乔伯能佥男乔璨本村琉璃匠侯景中佥侯士谦侯□□本村琉璃匠王士虎王□□。"有学者据脊刹题记考证，这批琉璃应是上党属的阳城乔家、介休侯家和王家三姓匠人共同烧制的。

图105　介休市广济寺天王殿鸱吻
（图片引自柴泽俊《山西琉璃》，图版96）

同属沁河流域的沁水县府君庙前殿（图106），店顶的三彩琉璃造型和釉色，虽较繁盛期的作品逊色，但依然精美。前殿脊刹背面立牌内有题记："大明崇祯元年（1628）立阳城琉璃匠乔常兴男喜善喜福永为志耳。"而故宫博物院收藏的晋城弥勒院琉璃蹲狮座束腰处，也有题记：左"大明隆庆四年（1570）五月造"，右"阳城县琉璃匠乔继宗同侄乔世桂李大川同造永为记耳"。

图106　沁水县府君庙前殿鸱吻
（图片引自柴泽俊《山西琉璃》，图版349）

山西清代琉璃塔中，年代最早、规模最大的是临汾大云寺琉璃塔（图107）。据《大云寺塔重修碑》记载，该寺创建于唐贞观六年（632），清康熙三十四年（1695）地震坍塌后，在康熙五十四年至五十七年（1715—1718）重建。二层以上脊饰、吻兽、沟头、滴水等均为琉璃制品，还有五彩琉璃佛教造像，二层背面琉璃观音菩萨及十八罗汉下部刻有"泽州阳城县青阳里琉璃匠乔鸷同里乔彦云乔祥泥匠毛凤羽男毛永关福保刘月正大清康熙五十七年（1718）岁次戊戌伍月仲造宝塔琉璃佛像永镇山门吉祥如意督工管老陈国信"。

图107 临汾大云寺琉璃塔和塔身局部琉璃造像
（图片引自柴泽俊《山西琉璃》，图版357—359）

还有的学者认为长治城隍庙的鸱吻与阳城东岳庙鸱吻的形状、手法均近似，或许同出自阳城乔氏匠师之手。阳城东岳庙的琉璃是明隆庆元年（1567）建造的，遍布于献亭、齐天大帝殿、寝殿顶上（图108）。齐天大殿殿顶脊刹上原有三间重檐歇山式琉璃楼阁一座（图109），阁中板壁刻有琉璃制作年代和匠师姓名"本县通济里匠人乔世富同侄乔永丰大明隆庆元年（1567）造"。另外，我们本次在后则腰村调查期间，据村内年长者介绍，阳城乔氏琉璃原有5个分支，分别在东关村、演礼村、后则腰村、高平市和1个不明地点，当年山西省洪洞县广胜寺塔建造时所用的琉璃全出自乔氏琉璃。

图108 阳城县东岳庙献亭鸱吻（左）和齐天大帝殿鸱吻（右）
（图片引自柴泽俊《山西琉璃》，图版297、289）

图109　阳城县东岳庙齐天大帝殿脊刹楼阁
（图片引自柴泽俊《山西琉璃》，图版288）

　　以上只是发现有阳城乔氏题记的琉璃产品，想必当时的产品规模肯定要更大，流布范围也会更广。据阳城县乔承先（1889—1965）琉璃老匠师讲，阳城匠人还曾在河南黄河以北诸县制作过琉璃，他的祖父则曾到亳州烧过，他本人也曾去过绛州。还有的文章中说，北京故宫和十三陵殿堂的顶冠上，都有乔氏匠人的琉璃制品；河南省孟州市山西会馆的照壁，亦系用阳城琉璃砌成。另据后则腰当地的老琉璃匠人卫天铎说，早年后则腰村的琉璃匠人不仅捏烧琉璃，还烧陶器和瓷器，往往同一窑中，既有琉璃也有陶器。后则腰村的民间匠人除接受建筑琉璃的加工订货外，还制作大量的琉璃器具、玩具以及釉陶来维持生计，产品销往晋东南和河南一带。

　　明永乐年间（1403—1424），山西琉璃匠师还制作了不少珐华器。所谓珐华，亦称法华、法花或珐花，烧制技术源于琉璃。据《饮流斋说瓷》记载"法花之品萌芽于元，盛行于明。大抵皆北方之窑"，现在多认为是山西南部地区在元代烧制琉璃过程中创造出来的一种琉璃新产品，到永乐时期盛行起来。珐华多以陶土作胎，明代之后胎体也有用高岭土的，陶胎珐华多为山西所烧，瓷胎珐华由景德镇于宣德时期开始烧制。珐华采用的是低温色釉，以牙硝为助熔剂，在胎体表面采用立粉技术，勾勒出凸线或堆贴纹饰轮廓，然后分别以黄、蓝、白、绿、紫等各种彩料填出底子和花纹，再入窑烧成。景德镇珐华在工序上基本效仿山西珐华的制作方法，但胎、彩料及装饰更为考究，显得更为高雅。山西地区明代珐华器，以花瓶、花罐、香炉、人像、动物等小件器皿为主。其中，晋城、阳城、高平一带出品最精，永济、新绛一带多系人像之类，而汾阳山泉镇的珐华器质地粗糙，与晋南风格迥异。

本书一直强调交流是相互的，在他地发现有沁河流域的琉璃产品，而在本地理论上也应该发现有产自外地的琉璃器。从现有资料来看，该区域的交流也是不受时代限制的。正如前文所述，我们已发现在金代有河南修武当阳峪窑产品或技艺的输入，到了明代有修武县琉璃匠烧造的器皿，有些甚至是从那里定制的。如晋城玉皇庙山门、二门、前殿、钟鼓楼、献亭等处的琉璃，多是明成化二年（1466）河南修武县琉璃匠李琮、李琏和陈景等人所制，其中山门上的琉璃，制作工艺尤精。这从另一个侧面似乎可以印证，同属沁河流域的山西区域和河南相关地区在历史上的交流也是非常紧密的，尤其是地理位置毗邻的晋城和焦作两地，这种交流体现在窑业上便是宋金时期的焦作市修武县当阳峪窑和明清时期的阳城乔氏琉璃。

当一类产品广受民众喜爱，在周边甚至更广泛的区域内有足够影响力的时候，这类产品的需求量就会大幅增加。那么，除了其大量销往外地之外，原产地以外区域的工匠也会尝试着模仿。这种模仿则包括不同类型的模仿。比如只是单纯的产品造型的模仿，装烧工艺、技法等则没有模仿，只是用其原有的工艺技法去烧造一种造型相似的物品。还有一种则是学习其具体的工艺、技法，烧造同类产品，当然也可以因地制宜，有创造性地制作出新的产品。

阳城琉璃显然属于后者。阳城县乔承先老匠师（1889—1965）说河南也有烧琉璃的，但是河南的琉璃产品是一次烧成，所以要剥釉，不能耐久，而晋城与河南修武、博爱等县向来交通方便，琉璃工艺相互传袭。据河南修武的琉璃匠人讲，他们的技艺就是阳城匠师传授的。无独有偶，河津老匠师吕焕文说，山西省河津市和陕西省朝邑、韩城、宜川等县仅一河相隔，河津匠师常去韩城、朝邑、宜川等地制作琉璃，据说朝邑的琉璃工艺配方都传自河津。这种琉璃技艺的交流，可能是以传授的方式，也可能是通过工匠的迁徙。比如河南省孟州市城西门内城隍庙，庙外照壁四周用阳城县所制琉璃砌成，所作凸起人物，颇似武梁祠画像，其上有匠人乔吉荣题。只可惜路近通衢，已多剥蚀，该匠人的里居已无从知晓。此庙建自明时，而在山西发现的明代建筑琉璃题记中，未有琉璃工匠姓名"乔吉荣"。山西明代琉璃制造业的阳城乔氏和介休乔氏名声鼎沸，该工匠由山西迁居至河南省孟州市从事琉璃烧造的可能性似乎更大，不过当然也不能排除其为山西琉璃匠，只是题记中未做记录。

除了上述较为明显的交流例证，还有一些资料或也可以成为探讨相互交流的线索。比如大英博物馆收藏的"家国永安"铭枕（图110），长期以来多被误认为是磁州窑产品。不过经过叶喆民先生等学者的考证，现在学界多确定其应属于河南鲁山段店窑产品。该瓷枕呈长方形，通体施白釉，釉中泛黄；枕墙内凹，剔刻开光扁菊花纹；枕面大于枕底，呈倒梯形，整体略束腰；枕面也内凹，中央刻有双勾文字"家国永安"，两端分别刻铭"元本冶底赵家枕永记"和"熙宁四年（1071）三月十九日画"，采用珍珠地划花装饰技法。所谓珍珠地划花是借鉴唐代金银器錾花工艺而创制出的一种陶瓷装饰工艺，具体做法是在已成型的呈色较深的器胎上施一层薄薄的白色化妆土，以尖状工具划出装饰纹样，再以细竹管或金属细管在纹样以外的空隙戳印出珍珠般的小圆圈，施釉后入窑高温焙烧而成。

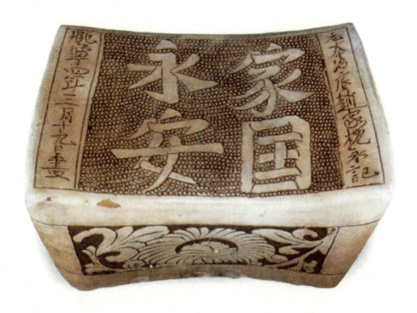

图110 大英博物馆藏北宋熙宁四年（1071）珍珠地划花"家国永安"瓷枕
（图片引自刘涛《珍珠地·白地黑花·红绿彩——〈宋辽金纪年瓷器〉补正三则》，图3）

　　这件瓷枕除了精美装饰引人注目以外，其枕面上的铭文也值得关注。铭文中的"冶底"是今泽州县南村镇冶底村，还是有学者判定的今河北省磁县冶子村呢？抑或另有他属？依据现有资料推断，笔者更倾向于前者，也就是说烧造"家国永安"瓷枕的鲁山段店窑窑工原本是山西省泽州县冶底村赵家的。据郭学宝先生《天蝎星落古冶底》一文介绍，泽州县南村镇冶底村历史悠久，约建于春秋战国时期。由于冶底村四周蕴藏着丰富的铁矿资源，西汉时期村民陆续迁至今址。在这个小小的盆地中，人们利用丰富的铁矿资源，开始兴起了小规模的冶炼作坊。一家即兴，百家相随，冶炼成为这一时期冶底村的主导产业。而后村民们结合当地地形，将村名改为冶底并沿用至今。或许正是因为该村的村民有着冶铁工艺的基础，所以当部分村民迁徙至河南鲁山段店一带之后，他们能够很快地融入珍珠地划花瓷器的烧造工作中，而且很可能帮助当地提升了该类产品的装饰工艺水平。另外，经过笔者粗略收集，如今国内尚无他地被称作冶底，至于古时是否还有别的地方也叫冶底，目前还不清楚。当然，由于古今方言的差异，瓷枕铭文中的"冶底"二字或许另有所指。整体来说，由于现有资料证据尚不充分，笔者对铭文"冶底"的执意推断就显得较为主观臆断，但也不失为一种线索，而对于该铭文的准确考证还有赖于更多资料的发现。

以上文字可谓管中窥豹，只是把一些具有代表性的资料展示给大家，难免会挂一漏万，事实上，该区域的窑业技艺、生产作品乃至所蕴含文化的兼收并蓄都远不止于此。总之，沁河流域山西区域的古代制瓷手工业特色鲜明且兼容并包，与本省的晋中、晋南地区的介休窑、霍州窑等，河北省太行山东麓的邢窑、定窑、磁州窑等，河南省黄河以北地区的当阳峪窑等和黄河以南地区的巩义窑、钧窑等，甚至地缘相对较远的陕西铜川黄堡窑（耀州窑）都存在着相互交流影响的关系（图111）。

图111　沁河流域山西区域周边主要古代瓷窑分布示意图

2. 传承

"传承"有长期以来流传下来之意，泛指学问、技艺、教义等在师徒间的传授和继承的过程。在本书中，传承是相对交流而言的，大体上是指在时间框架下由早及晚的承继过程。和交流相似，我们在讲述传承时也将以小见大，从具体的实物资料入手。

通过本次调查，笔者认为阳城乔氏琉璃和窑神崇拜最能体现"传承"所涵盖的丰富内容。而在阳城县和沁源县发现的一些近代瓷窑遗址，也可视为一个与传承相关的缩影。由于调查时间紧迫，本次调查期间没能对阳城乔氏琉璃后人进行走访，甚是可惜。而本书中对于阳城乔氏琉璃的介绍，大多数参考于以往的研究成果，在此对前贤的研究深表敬意。

（1）乔氏琉璃

琉璃手工业属于技术工艺高，劳动强度大的行业，许多规模宏大、雕造精细的琉璃建筑构件绝非两三个人可以胜任。所以，琉璃手工业多是家族性质的。而从琉璃建筑上的题记来看，师承关系以子袭父业为主，世代相传。在祖辈相传的山西琉璃世家中，除了阳城乔氏（雍正二年即1724，由东关村迁居至后则腰村），已知的还有始于明嘉靖年间（1522—1566）的太原马庄山头苏氏和始于明万历年间（1573—1620）的河津东尧头吕氏等。阳城乔氏琉璃工艺，在明代已从成熟阶段发展到了极盛时期。这一时期，阳城乔氏琉璃技艺卓群、人才辈出，尤以明嘉靖到万历期间（1522—1620）的匠师最多。自介休广济寺发现的明正统十三年（1448）阳城乔氏题记以来，其间有题记可考的传承关系长达370余年。

据柴泽俊先生的《山西琉璃》一书介绍，介休广济寺的明正统十三年（1448）题记中，记有上党琉璃匠乔伯能和其侄乔璨，柴泽俊先生考证此二人应系阳城东关乔氏；阳城县汤王庙献亭左鸱吻背面明成化十七年（1481）题记中，记有乔赟、乔凤和乔斌（柴泽俊先生在《山西琉璃》一书记载为"乔斌"，而张惠民先生在《乔氏琉璃》一书中则记载为"乔彬"），汤王庙献亭垂兽前下隅题记中，记有乔凤、乔斌和其子乔林；阳城县东岳庙东配殿鸱吻背面中隅的明嘉靖三十八年（1559）题记中，记有乔□□、乔□□，东岳庙东岳殿脊刹楼阁板壁上的大明隆庆元年（1567）题记中，记有乔世富和其侄乔永丰；北京故宫博物院藏晋城弥勒院琉璃蹲狮座束腰处的大明隆庆四年（1570）题记中，记有乔继宗（陈万里先生在《谈山西琉璃》一文中记为乔宗继）、其侄子乔世桂和李大川；阳城县关帝庙门前琉璃照壁下隅的大明万历六年（1578）题记中，记有乔世虎、乔世英、乔世贵、乔世宝、乔世兰、乔世香、乔永先和乔永丰；北京故宫博物院藏琉璃鸱吻背面中部的大明万历三十一年（1603）题记中，记有乔永官、乔永宽和其子乔常大、乔良才；阳城县寿圣寺琉璃塔第一层门洞左侧的大明万历三十七年（1609）题记中，记有乔永丰、其子乔常正和乔常远；沁水府君庙前殿脊刹背面立牌内的大明崇祯元年（1628）题记中，记有乔常兴、其子乔喜善和乔喜福；阳城县寿圣寺琉璃香炉背面腹部的大明崇祯三年（1630）题记中，记有宋德士。从以上明代题记可以看出，这些琉璃匠人传承有序，多为家族内部传继。另外，柴泽俊先生在《山西琉璃》一书中指出，题记中的李大川和宋德士应该是阳城乔氏的学徒传人。可见，明代阳城乔氏琉璃也是收徒传艺的。由琉璃制品遗存上所录的题记可知，阳城乔氏在明代的传承关系和班辈序列尤为明确、清晰（表五）。

　　明末清初，近半个世纪的兵燹之患，使阳城乔氏琉璃趋于衰落。康熙年后，为了长治久安，清政府减免了一些赋税，还废弃了部分手工业的工人"匠籍"制度，这样阳城乔氏琉璃又开始恢复并逐渐发展起来。但是清代留题之风大减，道光之后留有题记的匠师更为稀有，不过从琉璃制品的一些题记中还可略知一二。据相关介绍，北京古董商王先生所藏琉璃吻兽上的大清顺治六年（1649）题记中，记有阳城县琉璃匠乔常图。临汾市大云寺琉璃塔二层背面琉璃上的大清康熙五十七年（1718）题记中，记有乔鹜、乔彦云（引自柴泽俊先生的《山西琉璃》一书，然同书后文又将乔彦云记为乔彦军）和乔祥。阳城县汤土庙献亭后坡垂兽的大清乾隆五十一年（1786）题记中，有乔贞（又见"真"或"珍"，乔贞和乔真为柴泽俊先生《山西琉璃》一书中同一题记中同一琉璃匠名字的不同记录，乔珍则为

张惠民先生《阳城乔氏琉璃》一文中的记录。）和其侄乔乐善。阳城县刘
村琉璃影壁壁身右下角嵌砖内的大清嘉庆三年（1798）题记中，记有乔昌
泰、乔和泰。此外，其他资料显示，同治年间（1862—1874）还记有乔毓
秀，光绪年间（1875—1908）有乔崇古、乔义之、乔理之和乔信之等。总
体来看，清代阳城乔氏琉璃匠师基本继承了明代乔家的师承理念和琉璃工
艺，所不同的是班辈已不如明代清晰。

表五　明代阳城乔氏琉璃匠师传承关系

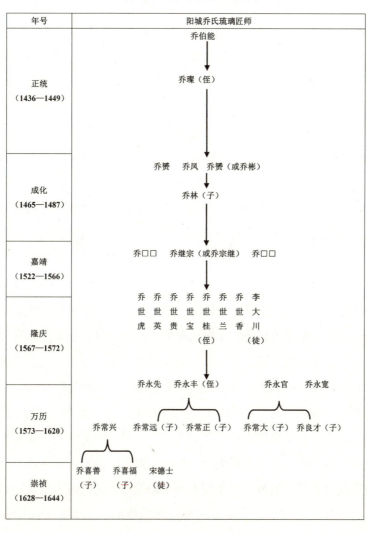

　　辛亥革命后，军阀混战，加之随后日军的肆意侵略，导致民生凋敝、民不聊生，寺庙建筑已基本停止建造，作为上游环节的琉璃生产也随之变得萧条。张惠民先生在《阳城琉璃世家乔家》一文中指出，这一时期阳城乔氏匠人仅有乔承先和乔继章等。陈万里、高寿田、柴泽俊和张惠民等诸位先生曾在他们各自的调查中，分别访问了乔承先老匠师（1889—1965）。据乔老先生介绍他们祖上一直流传一个传说，那就是乔家祖先有三弟兄，老大精于油漆彩画，老二善烧琉璃，老三烧造粗瓷。他们家从明代一直住在阳城县，以琉璃为业。晋东南一带的寺庙琉璃，大都由他们家烧造，可惜由于日军、土匪的大肆破坏，加之奸商盗卖，这些琉璃作品留存绝少。而乔承先老匠师不仅会烧造琉璃，还会雕刻塑像、彩绘壁画，中青年时期他曾先后到晋城、高平、沁水、浮山，甚至还到河南济源等地塑泥像、绘壁画，可谓名噪一时。他的两个儿子能烧造房上八仙等塑像，这些塑像都是捏塑而不用模具。"民国"十年（1921），乔承先老匠师和后则腰村的卫玉恒合伙开设了一处琉璃作坊，产品被货商郭文兴全部承包运往天津后出口。新中国成立后，陕西省修建西安大厦，聘请了全国各省数十名琉璃工匠来烧造琉璃瓦，可是都不理想。后来，他们慕名邀请乔承先前去，乔承先和儿子乔小栓便承担了整个大厦琉璃构件的烧造任务，一年后载誉而归。1955年，后则腰村成立了国营陶瓷厂，乔承先被聘任为技师，期间培养出徒弟吴和尚、吴兴旺和梁小顺等。1960年，他被邀请到太原赶制人民大会堂山西厅需要的塑像，期间还和徒弟吴和尚前往上兰村仿制对狮，后来又赶赴晋祠仿制了宋代塑像。这一阶段，他的作品真可谓炙手可热。乔承先老先生逝世后，阳城乔氏琉璃家族已经显现出后继乏人的趋势，但他培养的徒弟还在努力继承、发扬着乔氏琉璃传统工艺。

　　1986年，张惠民先生又访问了乔氏后裔乔小栓，他是乔承先老匠师之子。据他讲述他们的祖籍在陕西西安龙桥，先祖是陶瓷匠人，北宋时迁居到山西高平桥沟村，后又迁至阳城县东关游畔沟（窑畔沟）烧造琉璃，起初因烧造技术欠佳，先祖曾装作哑人到平阳府一带的瓷窑当笨工，学成技术之后世代相传。汪永平先生在《明代建筑琉璃（二）》一文中介绍，

"文革"前阳城县后则腰陶瓷厂为了编写厂史，在调查过程中发现了一块碑刻。碑文也记载了阳城乔氏祖先在唐代由西安龙桥迁到河南，后又迁到高平桥沟，经过宋、元二代，于明初到了阳城，先居于旧城东关，后迁到离城十里的后则腰村，因为此处山上有陶瓷原料坩子土，于是乔氏便开始在此地烧造琉璃。碑文的记述印证了阳城乔氏的渊源，也与乔小栓的口述历史基本相符。此外，《晋商史料全览·晋城卷》收录的《泽州的陶瓷与琉璃》一文则指出，清光绪二十八年（1902）河南长葛市的常北方等工匠到阳城，也在后则腰村开办了琉璃窑。

据后则腰村当地的老琉璃匠人卫天铎说，早年后则腰村的琉璃工匠不仅烧造琉璃，还制作陶器和瓷器，而且琉璃和陶瓷器往往在同一窑中。他还说村中匠人除了接受建筑琉璃的加工订货外，还烧造大量的琉璃器具、玩具以及所谓釉陶器来维持生计，产品则销往晋东南和河南一带。陈万里先生在《谈山西琉璃》一文中介绍，阳城后则腰能烧琉璃的老艺人有四人，二人姓卫，张姓、陈姓各一人。陈万里先生当年曾见到卫玉恒和张凤宣这两位琉璃工匠，他俩都能烧造大件狮子。二位匠师在清光绪二十一年（1895）还烧造过琉璃制品，不过到"民国"二十二年（1933）就基本停烧了。他们家中保存有不少已经制坯但未曾上釉的坯件，还有一方清雍正四年（1726）石刻，原石是清雍正二年（1724）乔家创业记，立碑人为乔发之和其子乔伯金、乔虎娃等。陈万里先生认为，阳城东关乔氏可能就是在此时来到后则腰村烧造琉璃的。另外，他们家中还有清光绪二十一年（1895）石刻一方，可惜当时被窑具所堆没，陈万里先生也未能看到。

新中国成立后，阳城乔氏的琉璃技艺得到了进一步的发扬和革新。据《晋商史料全览·晋城卷》一书介绍，1950年阳城县开始恢复琉璃工艺品生产，年逾花甲的乔承先重振旧业，带徒传艺。1955年，后则腰村成立国营陶瓷厂，传统工艺从乔氏家族的小圈子走进了新型的合作企业，产品也于20世纪60年代进军国际市场，先后出口到马来西亚、新加坡等4个国家。20世纪80年代初，阳城生产的琉璃新产品，釉色有十多种，产品销往香港、新加坡等地方。然而，此时阳城琉璃等陶瓷产业还是以作坊为主要的经营形式，缺乏规划和管理，工艺提高缓慢，市场意识不强，在市场经济的激烈竞争之下逐渐走向衰落。

随着古代建筑维修的增多，现代仿古建筑的新兴，以及陈列、装饰、观赏、收藏、赠予等时尚潮流的涌动，琉璃制品的市场又日益恢复并逐步扩大。1993年，阳城县月亮琉璃工艺建材陶瓷有限公司成立，该公司的创建人就是"乔氏琉璃"第15代传承人乔月亮。20多年来，乔月亮所生产的产品参加了深圳博览会、上海世博会和山西文博会等，获得了专家艺人的广泛好评，也博得了用户们的普遍青睐。该公司还先后荣获了"山西省品牌企业"和"优秀民营企业"等称号，乔月亮也先后被表彰为县、市党委政府"劳动模范""优秀企业家"和"模范共产党员"等。2007年，该公司被山西省人民政府、山西省文化厅确定为"省级非物质文化遗产山西传统琉璃制作工艺"单位。2008年，该公司被国务院、文化部确定为"国家级非物质文化遗产琉璃烧制技艺"单位。2009年，乔月亮被授予"国家级非物质文化遗产项目琉璃烧制技艺代表性传承人"。2014年6月14日，是我国第九个"文化遗产日"，在晋城市举行的"文化遗产日"活动启动仪式上，晋城市人大和政协为乔月亮颁发了国家级非物质文化遗产证书和奖牌。

如今，阳城陶瓷制造领域最为著名仍当属琉璃。阳城乔氏琉璃在短暂沉寂之后，重新蜚声四境、享誉国内，被评为中国非物质文化遗产。历经百余年沧桑变迁的阳城乔氏琉璃，虽有坎坷和波折，但在秉承传统工艺的基础之上，以高屋建瓴求传承、励精图治求发展、求实创新谋突破、精益求精创品牌为宗旨，继承并发扬了阳城乔氏琉璃的传统工艺和理念，是传承中华传统文化的时代缩影和真实写照。

（2）近代瓷业

阳城县

除了声名显赫的琉璃制造业，阳城县的其他制瓷手工业也有着悠久的历史。无论是考古发现还是史志记载，都可以表明阳城瓷业自宋金时期创烧以来，历经元明清至今仍然在绵延有序地发展。阳城县近现代瓷业的发展离不开古代制瓷手工业技术的积淀，也是对阳城县传统陶瓷文化的传承。

据《晋商史料全览·晋城卷》收录的《泽州的陶瓷与琉璃》一文介绍，20世纪以来阳城陶瓷产地逐渐增多，"民国"二十一年（1932），阳城的瓷业收入达3万余元。另外，一些方志史料中也有对制瓷工匠人数的记录。如"民国"二十四年（1935）铅印本《阳城乡土志·宝业·工》记载："……瓷器匠四十四名"，可见阳城县在民国年间不仅依然有制瓷业的存在，且从记载的瓷器匠人数量来看，该县的制瓷业是具有一定规模的。日军入侵后，由于战争的影响，制瓷业生产萎缩，到"民国"三十年（1941）时，仅有瓷轮17盘。1945年抗日战争胜利后，阳城的瓷业生产得以恢复。解放战争时期，阳城还生产了大量瓷雷。1947年，后则腰村成立了3个陶瓷生产互动组，有瓷轮72盘、产品210种、年产瓷器45万件，此时的阳城瓷业获得快速发展。1952年，后则腰、演礼和上芹等地相继成立陶瓷生产合作社，工人有500余名，年产瓷器227万件。1955年，后则腰、演礼和上芹等陶瓷生产合作社归手工业集体所有。1958年，后则腰陶瓷生产合作社过渡为地方国营企业——阳城县地方国营后则腰陶瓷厂，其余的陶瓷生产合作社则下放到公社，当时后则腰陶瓷厂还拥有单烟筒烤花窑和倒焰烧化窑，并掌握了烤化技术。1960年，后则腰村生产出了细瓷。1965年，阳城县后则腰陶瓷厂引进压碗机和匣体浇注技术，同时实现了电力耙坩和动力揉泥。上芹陶瓷厂生产的蓝花瓷碗是晋城市传统名牌产品，在1965年秋季全国出口商品交易会上选为出口商品。1968年，后则腰陶瓷厂首先使用球磨机磨料，效益大大提高。1969年8月至1975年1月，后则腰陶瓷厂一车间迁至原阳城水村铁厂旧址，专门生产细瓷，并于1972年被命名为阳城陶瓷厂，且被评选为山西省陶瓷生产先进企业。

改革开放以来，阳城瓷业的发展势头更为迅猛。生产出口瓷、日用瓷、建筑瓷三大系列产品的阳城县陶瓷厂，是全省重点陶瓷生产厂家之一。1983年，阳城县陶瓷厂生产的玉柱茶具、京广茶具和咖啡茶具等名牌出口产品，获国家对外经济贸易部"荣誉证书"。同年，阳城县陶瓷厂的第一座无烟烧成隧道窑建成并投入使用，填补了全省乃至全国的此项空白，使用此项技术每年可节煤2万多吨。该厂产品以优质、美观、实用而闻名，晋安杯碟在1988年荣获全省同行业评比第一名；11头玉柱茶具荣获状元产品，被选定供北京人民大会堂山西厅使用；22头金瓜茶具荣获经贸部荣誉证书；棱形碗荣获1988年省轻工厅设计三等奖。其产品远销西德、意大利、智利、新加坡等十多个国家和地区，国内行销全国32个省、市、自治区，深受国内外消费者喜爱和好评。20世纪90年代，阳城陶瓷厂先后建成3条隧道烧成窑、3条滚底烤花窑、6条滚压成型链式干燥生产线和1条横匣干燥专用线，彻底淘汰了历史上沿用的手工机轮成型、倒焰窑烧成、轨道式烤花和地火干燥等落后的生产设备和工艺，基本上实现了流水作业及现代化生产，较大程度地减轻了工人们的劳动强度。1990年投产的第一条成型链式干燥生产线和1993年在全省同行业首家掌握的"阳模成型"工艺，以及不断开拓的多品种多花色产品，使企业的日用陶瓷生产逐渐形成了细瓷和炻瓷两大系列、数十个花色品种，产品畅销国内25个省、市、自治区，并远销美国、日本、德国、新加坡等10多个国家和地区。1996年，阳城县日用陶瓷产量由1949年的141万件、1959年的394万件、1969年的255万件、1979年的1617万件，到1985年的853.25万件、1990年的1924.42万件，1996年则达到5275.55万件。

21世纪以来，阳城县政府开始进行产业结构调整，决定利用当地得天独厚的资源、地理、文化优势发展陶瓷产业。2002年底，阳城县政府出台了有关发展陶瓷工业园区的规定。2003年5月，阳城县开始建设陶瓷工业园区，县政府抓住东南沿海陶瓷产业向中西部地区转移的契机，制定出台了优惠政策，以吸引外商投资发展阳城产区。2009年，后则腰村陶瓷琉璃园区保护项目正式成为省级非物质文化遗产保护单位。时至今日，阳城县已规划建设有安阳陶瓷园区、芦苇河工作走廊、东冶陶瓷基地和演礼日用陶瓷基地四个产业园区，拥有18家建筑陶瓷生产厂家，26条中高档陶瓷生产线，日用陶瓷生产厂家11家。安阳陶瓷园区毗邻的后则腰村、演礼日用陶瓷基地所在地演礼乡都是旧时阳城陶瓷的主产区，陶瓷文化可谓浓郁深厚。2014年11月，在后则腰村调查时，我们看到山西阳城陶瓷工业园区就建立在该村（图112）。由此看来，阳城县的现代陶瓷企业一方面能够享受到传统陶瓷文化一脉相承带来的种种优势和便利，另一方面千百年来积淀的市场认知度也为如今的销售打下了良好的基础。在继承阳城传统陶瓷文化的同时，如今的阳城陶瓷企业也在解放思想、与时俱进、开拓创新、积极进取，金龙、山溪和星光等一批招商引资项目纷纷建成投产，红太阳和天一等一批本土民营企业向陶瓷产业聚集，成为中西部地区影响力较大的陶瓷产区。甚至有的报道认为，如今阳城的陶瓷产业已成为山西省第一个北方瓷都的梦想承接地。

图112　山西阳城陶瓷工业园区标志（2014年11月拍摄于后则腰村）

沁源县

《沁源县志》中记载该县在明清时期曾经烧造过瓷器，但是经过考古调查发现，志书中记载的明清瓷窑遗址现已不存，倒是发现了多处近代瓷窑址。这些近代窑址均已废弃，并且面临被完全破坏的危险。在杭村还发现了与窑神崇拜相关的实物资料，较为难得。这些遗存的发现虽然不是本次调查的初衷，但是它们却也体现了瓷业技艺和文化的传承，是十分宝贵的物质文化遗产。所以，我们觉得也有必要将这些资料公布出来，以飨读者的同时，希望能够激发和调动大家主动保护和研究古瓷窑址的热情。

据史志记载，新中国成立前沁源县的制瓷窑址有5处，一在才子坪，一在杭村南沟，一在王庄村属之北沟庄，李城村属之背掌庄及张家山各一处，从此业者以山西壶关人居多。另有砂锅窑2处，均在才子坪，皆属平遥人经营。到1949年，全县正式营业的商号已达446个，其中瓷窑5处，瓦窑1处。2014年11月，我们先后对沁源县的王和村、才子坪村、杭村、石台村、韩洪村、李城村、留神峪村、柏子村和韩家沟村进行了窑址调查，主要在王和村、才子坪村、杭村、李城村、留神峪村和柏子村发现了与近代瓷业相关的遗存或信息。

王和村

王和村是沁源县王和镇政府所在地，位于沁源县北部边缘山区，与介休、平遥接壤，煤炭储量相对丰富。方志中并未记录窑址的所在位置，到了王和村之后，我们只能通过走访附近的村民，以期获得些许瓷窑的线索。

图113　王和村发现疑似筒形匣钵遗物（2014年11月调查拍摄）

　　不过，起初寻访的村民说王和村只有烧耐火砖窑并没有瓷窑，而且砖窑都已破坏，在其上已建造新的村舍。好在我们并没有放弃，在村子西部台地上继续寻觅，发现了一些已经废弃的房屋，在其院落围墙之上有疑似筒形匣钵的遗物（图113），这又为本次调查之旅注入了新的希望。

　　在对村子西部台地进行调查的间隙，我们发现台地下有放羊的村民。据该村民告知，在王和村东北方向一个叫"磁窑沟"的地方好像有瓷窑。不过由于方言发音不同，不知是否确为"磁窑沟"这三个字。

图114　沁源县王和村窑炉（2014年11月调查拍摄）

　　为了一探究竟，我们顺其所指的方向一路前行，终于在村子东部约200米处发现一处窑址。该窑址保存情况一般，坐北向南，窑门地理坐标为北纬36°59′16″，东经112°9′41″，海拔1458.7米。现存2个窑炉，为东西并排砌造，形制均为馒头窑（图114）。据临近窑址的村民介绍，该窑炉至少于20世纪50年代就已废弃，后人利用其建成羊圈、鸭圈，不过今也已荒废。窑炉南侧还有1眼水井，当时应系制瓷水源，而如今当地村民多用来洗衣服。

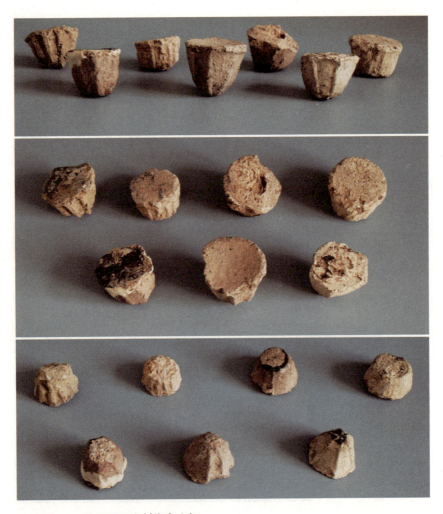

图115　沁源县王和村瓷窑支钉

图116　沁源县王和村瓷窑瓷器标本

　　在废弃的窑业堆积中，我们发现有烧造瓷缸用的支钉（图115）。依据地表采集的瓷缸或瓷罐残片（图116）和窑具，并结合村民们的回忆，可以初步判断该窑址应为新中国成立后的瓷窑，主要产品为瓷缸等生活用器，仅供当地日常使用。

才子坪村

　　才子坪村是沁源县北部聪子峪乡的下辖村之一，位于聪子峪乡东北部，距沁源县城西北约45公里，紧邻省道汾屯线S222，是沁源县南北交通要道。村口西侧有聪子峪河流经，该河发源于沁源县西北部王陶乡的王堡庄，为山区泉溪性河流，于郭道镇老君头汇入赤石桥河。煤矿资源丰富，有才子坪煤矿。据《山西关隘大观》一书介绍，唐代柴店关故址位于本村，唐代置关，民国初改称才子坪岭，冬防仍设于此。

　　才子坪村位于S222省道东侧，行驶在省道之上，一路还算好走。到达村子后，恰好碰到一位村民正在维修房屋。据他介绍，该村村民刘马庆在1962—1963年曾烧造陶瓷器，主要产品有瓷碗、罐等。在得知我们的调查目的之后，该村民更是热情地让他的儿子引领我们来到了刘马庆家里。不过遗憾的是在匆忙之中，笔者竟然忘了记下这两位热心村民的名字。

因刘马庆外出打工不在家中，于是我们便对其老伴进行了访问。刘师傅老伴告诉我们，刘师傅现年75岁，他们家中现在使用的瓷碗、盘等，都是20世纪60年代刘师傅自己烧造的。后来刘师傅不再烧造瓷器，也没有人接替他，所以瓷窑很快便遭废弃，现今被该村小学所叠压。通过与刘师傅老伴的交谈，并结合其家中所用瓷碗的情况（图117），我们可以得知当时该村瓷窑主要烧制白釉褐彩瓷器，有的器物上有褐彩书写的文字，或在器物外壁，或在器物内壁。

图117　刘马庆师傅家中使用的瓷碗（2014年11月调查拍摄）

结束了对刘师傅家的走访之后，我们又在村中进行了踏查。发现很多村民的房屋院墙或屋顶烟囱上都可以看到疑似窑具——筒形匣钵（图118），我们初步认为应是将废弃的匣钵再利用。从发现匣钵的数量来看，当时该村的瓷窑规模应该不小。后来，在村口倾倒的建筑废弃物中，笔者采集到一些白釉褐彩瓷器残片，其中有1件白釉褐彩瓷碗较完整（图119），与刘师傅家中瓷碗相似，应为同期产品。

图118　才子坪村发现疑似筒形匣钵（2014年11月调查拍摄）

图119　才子坪村口建筑废弃物中采集的瓷器标本（2014年11月调查拍摄）

杭村

杭村隶属于山西省长治市沁源县韩洪乡,坐落于沁河源头程卫公路线内。杭村南邻沁河,村子牌楼坐西朝东。一大早到达村子之后,我们依然是先走访村民。可是村民们似乎对该村烧窑的情况不是很明了,只有一位老者说本村以往确实烧过瓷器,窑址大致是在村子的西南方,这应与史志记载中的"杭村南沟"位置相符。于是我们按其所指方向快速前行,越过正处于干涸期的沁河,终于在杭村西南方的一片玉米地中发现了一处窑址(由于之后又发现一处窑址,所以将此处窑址定为1号地点),地表残存有2座窑炉(图120)。

1号窑炉居于窑址南侧,坐东朝西,方向为278°(图121)。窑炉形制系砖砌馒头窑,由窑门、火膛、窑床、排烟孔和烟囱组成。窑门的地理坐标为:北纬36°39′51″,东经112°12′8″,海拔1280米。窑门内缘宽1.2米、外缘宽2.2米,高1.8米。窑床南北长3.3米,东西宽3.5米。窑顶为穹窿形,顶部逐渐内收(图122),两侧有方形通气孔,烟囱高2.7米。

图120　沁源县杭村窑址1号地点(2014年11月调查由西向东拍摄)

图121　沁源县杭村窑址1号地点1号窑炉（2014年11月调查由西向东拍摄）

图122　沁源县杭村1号地点窑址1号窑炉窑顶（2014年11月调查拍摄）

2号窑炉位于1号窑炉北侧，形制与1号窑炉基本一致（图123），坐东朝西，窑门方向为310°。两座窑炉内均杂草丛生，没有发现任何窑业遗存，可见应为主动停烧且废弃已久。两座窑炉之间还有砖室混筑的作坊2间，石筑地基，砖铺地面，均残损严重，作坊的朝向不明（图124）。由于本次调查没有在该地点发现与窑业相关的遗物，而且近代的瓷窑和砖窑形制较为接近，所以这2座窑炉是否为瓷窑还不能完全确定。后来据村民赵福昌回忆，这2座窑炉当时应该是用来烧造耐火砖的。

从该处窑址出发，我们顺着干涸的沁河河道向西南方向继续调查。在河道南侧的台地之上又发现了1处窑址，将其定为2号地点。地表残存有2座窑炉，均为砖砌馒头窑，由窑门、火膛、窑床、排烟孔和烟囱组成。其中，1号窑炉位于窑址北侧，坐东向西。窑门的地理坐标为：北纬36°39′45″，东经112°11′56″。窑室损毁严重，仅存窑床，窑床残长5米，宽3.5米，窑室后部右下角残存1个排烟孔。2号窑炉位于窑址南侧，坐东向西（图125）。除窑顶局部坍塌外，保存基本完整。窑门为砖

图123　沁源县杭村1号地点窑址2号窑炉（2014年11月调查由西向东拍摄）

石混筑，外缘宽2米、内缘宽0.9米，高1.8米。窑床长2.8米，宽2.5米。窑顶残高3.5米，原高约4米。在窑门进入窑室的甬道南侧，还有1个供奉窑神的方形壁龛，其内放置有一尊用坩子土捏制而成的塑像，该塑像为素坯未经烧造（图126）。

图124　沁源县杭村窑址1号地点作坊（2014年11月调查由北向南拍摄）

图125　沁源县杭村窑址2号地点2号窑炉（2014年11月调查由西向东拍摄）

图126　沁源县杭村窑址2号地点2号窑炉壁龛（2014年11月调查拍摄）

图127　沁源县杭村窑址2号地点瓷器标本

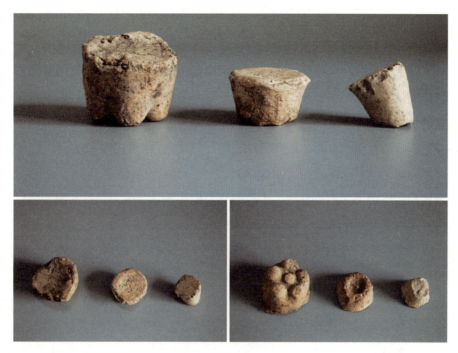

图128　沁源县杭村窑址2号地点窑具标本

　　此外，从在2号地点采集到的少许瓷片（图127）和窑具（图128）标本来看，瓷片上残留的窑具痕迹与窑具标本基本吻合，由此可推断该窑址是烧造瓷器的。而本次调查采集的窑具与王和村瓷窑的窑具基本相同，笔者判断二者时代应基本相当，也为新中国成立后的瓷窑。后来在对石台村进行调查时，当地村民回忆认为杭村2号地点发现的窑炉是20世纪50年代末用来烧造瓷器的，这也佐证了我们的推断。

李城村

　　民国二十二年（1933）铅印本《沁源县志》记载，李成村属之背掌庄及张家山各一处烧瓷工厂。不过，方志中记载的李成村现已更名为李城村，是山西省长治市沁源县李元镇的下辖村。该村煤矿资源丰富，有张家山煤矿、李城村三角坡煤矿和李城村庆东煤矿等多家企业，为烧造瓷器提供了必要的燃料。

　　据村中老人介绍，村子的现址并没有烧瓷窑炉，而隶属于该村的张家山则在明清时期曾经烧造过瓷器，这与方志记载基本吻合。张家山就在李城村西部，可惜此处已被开发为煤矿，山脚正是一片忙碌施工的景象。据煤矿施工人员和村民曹保生告知，张家山的山脚下以前也有村民居住，后来因为煤矿开发而搬至李城村。曹保生说张家山在新中国成立以前确有烧瓷窑址，在其记忆中至少有6座窑炉，主要烧造碗、瓮、盘等瓷器。制胎原料主要采自当地矿山，而所需釉料则从外地购入。结束了对村民的走访之后，我们又对此地进行了实地踏查，可是窑炉等遗迹实难发现。只在张家山山脚下的田间地头发现了少许瓷缸及匣钵残片，采集地点的地理坐标为：北纬36° 35′ 58″，东经112° 10′ 58″。

曹保生还告诉我们在背掌庄村也有瓷窑，时代可能较张家山要早，他的说法与方志记载相吻合。可是由于山路崎岖，经过一番颠簸之后，我们仍没能找到背掌庄村。后来因为天色渐晚、行程紧迫，所以我们不得不放弃了对背掌庄村的调查，只能寄希望于以后还能有机会。

留神峪村

在对李城村进行调查时，据村中的老人告知，沁源县的留神峪村在新中国成立后曾烧过瓷器。虽然留神峪村本不在本次调查计划之列，但是由于其与李城村相距不远，所以我们对该村也进行了一番调查。

留神峪村位于李元镇西北5公里处，下郭线穿村而过。该村所在地域属于典型的石灰岩干石山区，有着丰富的矿产资源。在前往该村的路上，有很多大大小小的煤炭企业。留神峪村不大，且多为留守老人，据老人们说年轻人都外出务工了，所以小小的山村显得格外冷清。

据本次调查走访获悉，留神峪村曾有县办陶瓷厂，20世纪七八十年代还在烧造，瓷土系本地矿山采集，釉料则来自外地。据该村村民杨志民回忆，当时陶瓷厂产品有白瓷、黑瓷和紫红釉瓷等，以白瓷为主，产品有瓮、坛、碗等日常生活用器，此外还有瓷砖和瓦等建筑材料。后来陶瓷厂逐渐停烧，2012年已彻底另作他用，现今这些遗存都已不存。

柏子村

明万历三十五年（1607）刻本的《沁源县志》中记载，本县的柏子镇曾烧造瓷器，"栢子镇"应即今"柏子镇"。在李城村的张家山调查时，当地村民曹保生也告诉我们柏子村曾烧造过瓷器。

柏子村原属于柏子镇，2001年沁源县撤乡并镇，将五龙川乡并入柏子镇，合并后更名为灵空山镇。柏子村位于沁源县西部，是灵空山镇镇政府所在地。灵空山镇盛产煤炭，有着丰富的燃料资源。柏子村地处丛山之中，一路上山路盘旋。再加上此地煤炭丰富，在前往调查的路途中有很多运煤的货车，所以整体路况并不算好。安全到达村子之后，我们发现该村开发力度较大，不愧为最具有成长性的"上党第一镇"。

据村民介绍，该村原来曾有烧瓷窑炉，大致是在新中国成立之初。不过这些窑炉后来均被破坏，现被村内建筑所叠压。那么，即便此地在明代曾烧造过瓷器，窑址估计也早已被破坏了。在调查过程中，我们还在一些村民家中发现有类似匣钵一样的筒状物（图129），而且这类器物多见于该村房顶烟囱之上。不过也有村民说现在还有工厂生产这种器物，且专门用作屋顶烟囱。所以，对于这类器物的具体功用，目前还尚不明确。

图129　柏子村发现疑似筒形匣钵（2014年11月调查采集）

窑神崇拜

在沁源县杭村发现的几座近代瓷窑中，2号地点的2号窑炉窑门南侧甬道壁上辟有一个长方形壁龛，龛内放置一件用坩子土制作而成的塑像（图130）。塑像头部已残缺，颈部缠绕半圈泥条，似乎是衣领的象征，当然也有可能为项饰，泥条上有连串"×"形图案（图131）。肩部饰有圆弧形披肩，其上点缀乳钉纹，形似联珠。该塑像手臂外张，不过手部已缺残。腹部捏塑出开襟，其下饰一段附加堆纹。塑像底部置有一椭圆形底座，可惜发现时已残断。虽然该塑像制作不甚考究且头部缺失，不利于我们直接从其形象来判断它的性质和用途，不过似乎还可以从它的发现地点和位置来探讨其内涵。

该塑像在瓷窑遗址中发现，且放置于壁龛内，这种现象与陈万里先生的见闻极为相似。1928年，陈万里先生调查浙江省龙泉窑时，曾记录下当时开办土窑者的祀神现象："他们所供的神，是用红纸书写，在窑的前面

图130　沁源县杭村窑址2号地点2号窑炉壁龛和塑像（2014年11月调查拍摄）

图131　沁源县杭村窑址塑像（2014年11月调查采集）

一个角上，有个小小的神龛，上面写着本殿师父之位、进宝郎云云。"沁源杭村窑址发现的塑像与之相似，看样子也应该是为了祭奉而专门设置的，不由得让我们联想到祭拜仪式。只不过此次调查发现的塑像，不是红纸书写，而是用坩子土捏造。但是二者所体现的塑像性质基本一致，都是一种祀神的现象，塑像和红纸书写的人像可说都是神的象征。和煤炭、冶炼行业一样，制瓷手工业的从业者所崇奉的神可以说是制瓷手工业的行业神，也被称为"窑神"。那么，沁源杭村发现的这种祀神现象，也正是自古以来行业神崇拜的一种余绪和传承。

　　行业神崇拜是中国古代一种比较普遍的民间信仰。传统手工业生产要求有较高的职业技能，专业性也较强，因而对行业神的崇拜也就更为重视，制瓷手工业自然也不例外。但是制瓷手工业的"窑神"和其他行业神也有不同之处，前者并不是专一的而是多样的，而且有些瓷窑神的原型可能最初并不属于这一行业。窑神崇拜是一种文化现象，它对制瓷业生产有着深远的影响，并不能简单地仅以愚昧迷信视之。

　　对于窑神崇拜源于何时，从现有的资料来看，还是缺乏足够的证据作一准确的判断。不过已有学者依据窑神庙碑和史志记载，对窑神崇拜的起源进行了考察。目前已发现时代最早的窑神庙碑是陕西省铜川市耀州窑的宋元丰七年（1084）《宋耀州太守阎公奏封德应侯之碑》，稍晚些的还有河南省焦作市修武县当阳峪窑的宋崇宁四年（1105）《怀州修武县当阳村土山德应侯百灵庙记》碑。除了这两方北宋时期的窑神庙碑之外，全国各地还发现有一些时代更晚的窑神庙碑或窑神庙，比如山西省太原市孟家井（原属晋中市）明弘治三年（1490）《重修伯灵庙记》碑、陕西省铜川市陈炉镇耀州窑清雍正四年（1726）及嘉庆、咸丰、光绪各朝所立的重修窑神庙碑记、河南省鹤壁集窑的清乾隆三十七年（1772）《栢灵桥》碑等。此外，在河南禹州、宜阳和新密，河北邯郸、临城和唐山，山东淄博寨里和烟台福山，湖南醴陵和益阳，江西景德镇，江苏宜兴，浙江龙泉，福建泉州和三明，广东石湾和潮州等都曾有窑神庙或类似功用的庙宇，只不过这些窑神庙多已不存。

有的学者认为窑神庙是窑神崇拜出现的重要物化表征之一，可以根据窑神庙起源的时间来判定窑神崇拜出现的大致时间。据前文所列，目前发现最早的窑神庙是北宋时期的。那么，是否可以就此判断窑神崇拜的正式兴起就在北宋中期或稍早些呢？是否可以把宋元时期视为窑神崇拜正式出现和逐步传播发展的时期，而将之前的阶段称为"前窑神时代"呢？笔者认为这是值得探讨的问题。

李建毛先生在《祭窑与窑神庙》一文中提到：1997年，在湖南省湘阴县城发现了一条隋代龙窑，窑址左侧下段出土有一具较为完整的牛肋骨，发掘者推测应是当时祭窑时留下的遗物。20世纪50年代，四川大邑东关场出土了一件白瓷塑像，身刻铭文"天宝三载（744）六月四日唐安郡原县信德里永昌窑敬造窑王像"。这些似乎都可以说明当时的窑工已有祀神以保佑烧窑成功的意识，并出现了窑王的称谓。不过也有学者认为此处的"窑王"是否属于陶瓷业，还需要更多的资料以做进一步的佐证。但是笔者认为不管此尊"窑王像"是否属于陶瓷业，至少有一点可以确定，那就是当时民众心中已有"窑王"的概念。那么，是否可以认为即便此尊"窑王"像属于其他行业，但是在为其他行业烧造窑王像的陶瓷业窑工心中或已受其影响，甚至已心生瓷窑神概念的萌芽。只不过此时的祭祀窑神可能更多的是每个窑工或窑场的心理寄托，多用于一窑一祭，并未形成一定的规模。这可能是因为在隋唐时期，制瓷手工业尤其是北方瓷业还处于方兴未艾之时，并未形成足够的影响力。而更为重要的是唐代的行业组织或者是行会制度处于初步形成阶段，所以尚不成规模的陶瓷手工业还没有一个自己的行业组织，形成共同行业神崇拜的条件也不太成熟。而到了北宋时期，商品经济、家族经营高度繁荣发达，类似行会的组织也得以空前的发展。而且无论从考古发现还是文献史料记载，我们都可以发现此时全国各地的制瓷手工业也处于一个大发展、大繁荣的场景。那么，在此形势之下，各地陶瓷手工业形成自己的行业组织则是极有可能的。山西介休洪山镇的宋大中祥符元年（1008）《源神庙碑》碑阴有收缴赋税的瓷窑税务任韬的题名，那么这似乎可以表明当时的瓷窑已成规模并形成了自己的行业组织，因为只有这样才会专门设置一名收缴瓷窑税务的官职。

唐宋时期这种手工业行业组织是否属于所谓的行会，目前在史学界还存在争议。有的学者认为中国的行会制度始于唐宋时期，但也有一些学者认为唐宋时期的行业组织与现代所谓的行会差别较大。他们认为唐宋时期这种行业组织不属于民间自发组织的，而是官府强制形成的，这与西方所谓的行会不同。不过似乎不应该完全按照西方的行会理论来判断中国的行会制度，笔者目前也更倾向于中国的行会制度始于唐宋时期。而且这种行业组织既然可以将从事陶瓷手工业的人们组织起来，即便它不属于标准的行会，但在某种程度上已经具有了行会的性质。长久以往，在行业组织的推动之下，行业内部还形成了共同的习惯语言。在这种行业组织或者古代行会形成之后，组织共同的祭祀活动便是其职责之一，体现在陶瓷手工业中便是祭拜窑神，由于是共同祭拜，那么便催生出了窑神庙。

窑神庙的庙宇由于岁月流逝或已不存，而前文所引的两方北宋时期窑神庙碑则是窑神庙曾经存在的重要证据。北宋时期窑神庙的产生，似乎只能说明此时的窑神崇拜已有共同组织，但并不能反证窑神崇拜正式产生于此时。且不说窑神庙中共同祭拜的产生并非一蹴而就，需要个人窑神信仰基础的铺垫。单从前文所引的隋唐时期的窑业遗存中也能发现窑神崇拜的影子，而且即便是窑神庙存在和盛行的地方，个人祭拜或敬仰窑神的现象依然存在。河北磁县彭城出土有一件元代文字书法装饰圆形枕，上面书写有一首"西江月"词："自从轩辕之后，百灵立下磁窑。于民间闾阎最清高，用尽博士机巧，宽池拆澄尘细，诸般器盒能烧，四方客人尽来掏，件件儿变作了经钞"，词中的"百灵"便是窑神，记载与歌颂了磁州窑窑神的福祉。而元明时期浙江龙泉窑的产品中，有些单个瓷器上会有"河滨遗范"铭，这也是窑神崇拜的一种表现。因此，笔者觉得窑神庙的产生，并不是窑神崇拜的发端，而是窑神崇拜的发展或者是规范化。而且窑神崇拜并不只是在陶瓷手工业所谓的行业神出现时才出现的，因为行业神的出现可能更多与行业组织的出现和发展有关。

而在陶瓷行业组织出现之前，陶瓷手工业并没有一个共同的行业神。此前的窑神崇拜应正如有的学者所言，多数是自发性、民俗信仰式的祭祀祈祷，因此也有向佛、道等宗教神祈祀的行为。一般认为由于陶瓷业生产过程变化莫测，起初有许多不为世人洞悉的奥秘，因此在古代神灵信仰极为普遍的时代，最初窑工们就会认为只要能操控烧造过程及其成败的神灵便是窑神。但是由于最初窑业规模不大、行业组织更没产生，窑工之间交流沟通不多，窑工们只能自发的、根据自己的理解进行祭拜，有的祭拜自然神，有的祭拜宗教神或其他民间信仰的神祇。不过这些都有一个基本的共同点，那就是这些神灵都是他们认为可以操控瓷业成败的。而随着行业组织的出现和完善，窑工之间的沟通逐渐加强。窑工们在祭祀窑神方面，也会商讨推选出大家公认的对窑业有贡献的人物或能庇佑窑业的神祇作为行业神，这样一来窑神才逐步得以统一。不过根据目前各地发现的窑神遗存和文献记载，我们依然可以发现其属于典型的多神崇拜，祭祀的窑神多有不同，且很多地方窑神并不唯一，往往以组合形式出现，体现出了较强的地域和文化差异。这些应该就是窑神崇拜最初阶段自发性的真实写照，也可能与后来各地纪念对当地陶瓷业发展有卓越贡献的不同人物有关。

从业已发表的资料来看，陶瓷手工业的窑神谱系委实比较杂乱。可谓因时而异，因地而异，甚至因窑而异。刘毅先生在《陶瓷业窑神崇拜述论》一文中对窑神的分类非常系统和全面，在此本文直接引用其分类结果。刘毅先生将窑神分为自然神和人物神两大类，另外还有少量宗教神。自然神崇拜渊源于我国古代的"万物有灵"观念，窑神中的自然神都与制瓷或烧窑有关。如陕西铜川黄堡镇耀州窑宋元丰七年（1084）碑记中记载的奏封德应侯的土、山神，此外还有水神、雷神，甚至还有牛马二王。人物神因其身份不同，又可分为先圣先贤、传艺祖师和殉窑高匠等。先圣先贤中列入窑神行列的有陶正、唐尧、虞舜，还有春秋越国大夫范蠡、战国名将孙膑和唐朝大诗人白居易等，这些帝王将相、名儒俊士被拉入窑神谱系中，或许真的曾为陶瓷业发展做出过贡献，不过多数是为了显示窑业生产源远流长。而所拜窑神、追尊祖师爷的身份高贵，进而也能提升陶瓷业的行业地位。传艺祖师中最著名的当属赵慨、柏灵（也称伯灵、百灵、柏林）和章氏兄弟等，也有将前述先圣先贤伪托为窑业传艺祖师的，如虞舜、陶朱公（范蠡）等。殉窑高匠是指那些以身殉窑者，他们以血肉之躯为代价，或揭示了瓷器生产过程中的某些工艺奥妙，或以实际行动解救窑工兄弟于水火之中。如神话传说中为烧红釉钧瓷，以身投窑的老窑工之女嫣红姑娘，后人为纪念其精神而封其为"金火圣母"，在窑神庙中与伯灵翁一起配享土山大王；还有明代晚期景德镇窑为烧成新式龙缸，使窑工兄弟们免于槌楚，而壮烈殉窑的窑工童宾，而后童宾被窑工们尊奉为"风火仙师"，还有广利窑神、陶神和火神等封号。宗教神主要有太上老君、华光大帝、观音菩萨等，中国古代诸神共存，信仰自由，行业神信仰与佛、道等宗教神信仰并不矛盾，行业的专属窑神和佛、道等宗教神被共同祭祀的现象也较为常见，可见有时候他们是和谐统一的，而且窑神中的一些自然神也是从佛、道等宗教中衍化出来的。

北宋及以前的窑神以自然神为主，以人物神为辅。而及至北宋以后，尤其是明清时期，窑神逐渐从以自然神为主发展到以人物神为主，这应该与窑工们制瓷工艺日益精湛，许多工艺奥妙被能工巧匠所明晰掌握有关。而且从窑神谱系方面来看，传艺祖师、殉窑高匠类的窑神都具有明显的地域性，如对伯灵翁的祀拜主要流行于陕西、山西、河南和河北等北方地区，窑神赵慨和童宾则主要流行于景德镇及其周边，对金火圣母——嫦红姑娘的崇拜主要存在河南禹州（山西太原孟家井窑似也存在），对白居易的窑神崇拜只见于河南新密和登封一带，祀拜章氏兄弟更是仅见于浙江丽水龙泉一带的窑场。因此，似乎可以认为陶瓷业的行业神源头较多，因时因地而不同，这可能跟每个窑场的窑业面貌和内涵不同有关。尤其是在陶瓷业行业组织或所谓行会出现之前，窑工们多数是凭自己对窑神的理解进行祭拜，并没有形成区域性的窑神崇拜，烧窑前的祀神行为也多数是自发性的个人行为。而随着陶瓷业规模的扩大，尤其是北宋及以后陶瓷业行业组织的建立，使得人们开始尝试选出大家公认的窑神，并希望这些窑神作为行业神能够护佑各个生产环节都顺利。所以，我们也会发现各地尤其南方地区的窑神分工非常细致，一些重要的生产环节都有独自的窑神存在。存在于行业组织中的窑神崇拜有了其组织性、群体性，因此也就催生了窑神庙，窑神庙中的诸位窑神庇佑的是该地区整个陶瓷业行业组织。但是窑神庙的产生，并不意味着只能进行群体性窑神祭拜，个人性的窑神崇拜与之并不相悖，是可以同时存在的，尤其是像观音菩萨这样十分普及的宗教神。我们本次在沁源杭村窑址调查发现的塑像虽然残破，但依稀可以看出似乎就是菩萨一类的宗教神像，并可以确定此遗存确属窑神崇拜的范畴，而且应该属于个人自发性质的。除此之外，1928年陈万里先生在浙江龙泉窑的见闻也属个人性质的窑神崇拜。

综上所述，窑神崇拜行为既有群体性的，也有个人性的。窑神的种类复杂多样，有自然神和人物神之分，而且因时、因地而异，并没有一个统一、固定的行业神。所以，笔者认为并不能以窑神庙或窑神庙碑出现的时间来推断窑神崇拜出现的时间，也就是说窑神崇拜出现的时间要早于窑神庙产生的时间。祭祀窑神庙内的窑神是属于共同的、群体性的窑神崇拜行为，是和陶瓷业行业组织的出现息息相关的，这并不代表此前人们意识中并没有窑神的存在。隋代湘阴窑的祭窑行为和四川彭州市"窑王像"的发现，都说明最迟在隋唐时期人们已经有了祭拜神灵来寻求庇佑窑业生产成功的诉求。只不过此时人们心中的窑神多种多样，有的甚至没有形成固定的理念和象征，所以多数将其附会到一些自然神和宗教神中。其实他们心中认为这些神通广大的神祇能够掌控窑业成败，也就已经把他们尊奉为窑神了。不过在陶瓷业自己的行业组织出现之后，这些组织才将窑工心目中的窑神位集结起来，进而建造庙宇让窑工们共同尊奉而已。而随着制瓷技术的不断进步，窑业规模的不断扩大，制瓷过程中的一些重要奥秘或说是规律被聪明的窑工所理解和掌握，其他窑工也开始意识到能工巧匠也能掌控烧窑的成败、产品的好坏。此时行会制度的不断发展壮大，也使得他们开始追忆或者编造一些对陶瓷手工业有过贡献的人作为他们的祖师神来尊奉，并逐渐提升为主神。比如北方地区尊为窑神的柏灵翁，还有前述的那些殉窑高匠，人们为了纪念其功绩也将他们供为窑神。所以，无论是自然神还是人物神，无论是早期的个人祭神行为还是后来的群体祀神活动，都应属于窑神崇拜的范畴。

对于窑神崇拜问题的研究，目前所用的资料主要是碑刻、地方志和民间传说，而最真实、最直观的资料——窑神庙或其他遗存却很少使用。当然这有其客观原因，由于20世纪50年代以后的人为破坏，绝大部分窑神庙被拆毁或改作他用，幸存者寥寥无几。不过窑神庙并不是与窑神崇拜相关的唯一遗存，远者如1928年陈万里先生在龙泉的见闻，近者有我们本次调查的发现。虽说都发现于近代窑场中，却是研究窑神崇拜及其传承发展不可多得的直接资料。这也提醒大家在重视窑神庙或窑神庙碑刻著录的同时，也需要留意窑址中与祭祀窑神相关的各种迹象。只不过一般民间自发的窑神祭祀场所都很简陋，因此更需要注重各种细节。

余 论

　　沁河流域山西区域历史悠久、文化绵长，瓷器作为中华民族的伟大发明之一，在沁河流域也闪耀着自身璀璨的光芒。沁河流域山西区域制瓷手工业的发展和兴衰，窑业技术的兼容与并包，陶瓷产品的流入和远播，陶瓷文化的传承与发扬，这些无不彰显了该区域深厚的瓷业文化底蕴，也可说是该区域古代物质文化历史的一个简影，其重要性可见一斑。

　　本书在展示沁河流域山西区域古瓷风华时，选用的全部为出土器物。这些器物是经过文物考古工作者科学的考古发掘而获得的，其中还有很多器物是首次公之于众，更为可贵。通过对这些出土器物的分析和研究，本书对它们的时代基本都做了初步判断，还对一些区域特征较为明显的瓷器进行了产地推断。在此基础之上，又进而探讨了这些器物背后所蕴含的文化交流和传承演进。在交流方面，该区域既有外来瓷器的输入，也有外来工艺的影响，另外还有诸如琉璃等本地产品和烧造工艺的远播。这些交流的发生，有的是伴随着贸易的流通，有的则是因为窑工的迁徙，且多数是依赖于沁河等内河运输。而如今随着交通的便利，该区域与外界的交流更为频繁，表现在陶瓷业方面的是大规模的招商引资等。只不过随着其他交通运输方式的发达，沁河水路运输已逐渐被摈弃，可是即便如今的沁河已无法恢复水运地位，但其在历史上的水运文化还是值得被深入探究和开发利用的。在传承方面，本书主要从阳城乔氏琉璃的师承、近代瓷业的发展和窑神崇拜的流传等几个方面进行了探讨，这些既有物质文化方面，也有精神文化层面。而如今阳城县陶瓷业的传承，主要对象仍然是乔氏琉璃，笔者觉得除了应该对琉璃技艺和文化的传承进行发扬光大之外，还应重视文化品牌的推广。此外，我们在对泽州县冶底村岱庙古瓷窑进行调查时，虽然没能发现任何窑业遗存，但是从中却也看到了另外一种传承，那就是董相林一家几代人对冶底村岱庙的保护，这种传承是子承父业，更是对家乡悠久历史文化守护理念的一种传承和延续。虽说这种传承不是针对陶瓷业，但这是在调查古瓷窑址时遇到的，他们也将激励我们把这种传承精神用于陶瓷业领域。

　　通过本次对沁河流域山西区域古瓷窑址的调查，我们除了被该区域从古至今绵延不绝的瓷业历史所打动，更被支离破碎甚至已经湮没消失的窑业遗存所触动。面对着诸多残破甚至惨遭毁坏的古瓷窑址，我们内心是无比痛惜的。然而，这又是山西省乃至全国陶瓷考古领域面临的共同难题，窑业遗存的重视程度不够，保护力度自然就达不到。这样一来，陶瓷考古工作的开展也会陷入恶性循环，不受重视就可能导致工作难以开展，工作难以开展就会导致更加不受重视，那么窑业遗存势必会面临行将消失的窘境。如此局面，诚然不是大家所愿意看到的，虽然有其客观原因而一时难以克服，但是也必须引起大家的重视并迎难而上。

值得欣慰的是，过往已经有相关学者、当地文物工作者和陶瓷爱好者开始重视古瓷窑址的保护，并已着手开展了相关考古调查工作。更难能可贵的是，我们能有此难得一遇的机会对沁河流域山西区域的古瓷窑址进行了调查，并在此期间调研了一些文物考古单位。整体来看，收获自然是有的，但由于窑址保存状况不佳，采集标本不太成体系，以往所作工作和资料的收集情况也不很理想，加之笔者自身知识储备欠缺等主观原因，所以本次调查对于该区域古代瓷业的一些认识还不够深入和全面，势必会存在纰漏。不过，通过本次对该区域较为全面的窑址调查和资料的及时公布，我们希望能够为沁河流域山西区域的陶瓷考古注入新的活力和动力，能够唤起公众对古瓷窑址的保护意识，也算是为古瓷窑址的保护工作尽了一份绵薄之力。

后 记

　　一年多前，我有幸参加了"沁河风韵"学术工作坊，这是一个多学科交流的平台，一个众教授聚首的场域。作为后辈晚生，我当时真有一种受宠若惊的感觉。在"沁河风韵"学术工作坊的大力支持和帮助下，经过有序但略显仓促的调查工作，我们对本书的大体框架有了自己的认识。在整理调查资料和撰写书稿的过程中，本书的内容也在不断修改和完善。

　　如今，在压力和动力之下，书稿即将付梓，而此时我的心情却有些五味杂陈。有期待的兴奋，因为这是我的第一本著作，付出了心血和汗水；有观点的担忧，因为时间紧迫和自身不足，书中肯定有不少纰漏；有错过的遗憾，因为调查期间的疏忽，流失了一些信息；有万分的感激，因为拙作的出版发行，绝非我一人之力所能及。

　　首先，我要感谢行龙教授。没有他毫无偏见的接纳，作为一名在学术界初出茅庐、名不见经传的无名小辈，我不会获得融入本课题团队的机会。没有行龙教授的支持和鼓励，本书的撰写很可能会中途夭折。行龙教授这种奖掖后学、提携晚进的行为，实属大师之风。此外，我还要感谢郝平教授和李君教授，正是二位师长、领导的推荐，我才能获此良机。

　　在本次调查之前，由于对当地情况不熟悉，所以最初我们是有些忧虑的。后来，赵瑞民和郎保利二位教授热情地帮我们联系了当地文物考古单位，为本次调查的顺利进行奠定了良好的基础。在此，我要向二位长辈、老师致以诚挚的谢意。我还要感谢胡英泽教授对本次调查的关心和帮助，感谢张俊峰教授对本次调查和书稿撰写提出的宝贵建议，二位教授的帮助和建议令我受益匪浅。

在本次调查时，各地文物考古单位给予了积极的配合和无私的帮助。我尤其要感谢晋城博物馆的程勇与安建峰二位副馆长、沁源县文物馆的王小红馆长和阳城县文物局的吴阳科长，是他们的慷慨和无私才让我们得以见到很多窑址资料和珍贵的器物标本。

我的博士生导师彭善国教授在百忙之中审阅了本书并提出宝贵意见，山西大学考古系同事武夏女士也帮我校阅了书稿，在此深表感谢。另外，我还要感谢山西大学文学院麻林森先生无私提供了本书急缺的照片，感谢本书责任编辑张慧兵先生为拙著的出版所付出的辛劳。

整个调查和写作过程中，我最需要感谢的是山西大学2013级文物与博物馆硕士研究生曹俊。他全程参与了本次窑址调查和资料整理工作，并为书稿的完善提供了很多建设性的意见。曹俊与我年龄相仿，如同兄弟，他对陶瓷考古的那份热情着实令我佩服，他对陶瓷考古的那份执着也深深地感染了我。

最后，我也要谢谢我的家人，是他们的默默付出和全力支持，我才能有更多的时间投入书稿的写作。

虽然书已定稿，但是问题着实不少。毕竟考古学也有其尚无法克服的资料局限性，而本人的知识储备和认识能力也是有限的。不过，我还是希望拙作能够成为引玉之砖，在奉献给沁河流域古代陶瓷爱好者的同时，也渴望能有越来越多的人关注和支持沁河流域山西区域乃至山西省的陶瓷考古。

刘 辉

2016年5月22日

参考文献

一、专著

冯先铭.中国古陶瓷图典[M].北京：文物出版社，1998.

冯小琦.故宫博物院藏中国古代窑址标本·山西、甘肃、内蒙古[M].北京：故宫出版社，2013.

权奎山，孟原召.古代陶瓷[M].北京：文物出版社，2008.

叶喆民.中国陶瓷史[M].北京：生活·读书·新知三联书店，2006.

中国硅酸盐学会.中国陶瓷史[M].北京：文物出版社，1982.

刘涛.宋瓷笔记[M].北京：生活·读书·新知三联书店，2014.

晋城市地方志编纂委员会.晋城市志[M].北京：中华书局，1999.

宿白.白沙宋墓[M].北京：文物出版社，2002.

王效青.中国古建筑术语辞典[M].太原：山西人民出版社，1996.

陕西省考古研究院.唐长安醴泉坊三彩窑址[M].北京：文物出版社，2008.

河南省文物考古研究所等.巩义黄冶唐三彩[M].郑州：大象出版社，2002.

陕西省考古研究所.唐代黄堡窑址[M].北京：文物出版社，1992.

彭善国.辽代陶瓷的考古学研究[M].长春：吉林大学出版社，2003.

路菁.辽代陶瓷[M].沈阳：辽宁画报出版社，2003年.

宿白.汉唐宋元考古——中国考古学（下）[M].北京：文物出版社，2010.

张柏.中国出土瓷器全集[M].北京：科学出版社，2008.

柴泽俊.山西琉璃[M].北京：文物出版社，1991.

王小圣.阳城史话[M].太原：三晋出版社，2010.

许绍银，许可.中国陶瓷辞典[M].北京：中国文史出版社，2013.

徐家良.互益性组织：中国行业协会研究[M].北京：北京师范大学出版社，2010.

刘国良.中国工业史·古代卷[M].南京：江苏科学技术出版社，1990.

全汉昇.中国行会制度史[M].台北：食货出版社，1986.

山西省文物局.山西文物地图集——山西省第三次全国文物普查成果总汇[M].北京：中国地图出版社，2012.

叶定江，原思通.中药炮制学辞典[M].上海：上海科学技术出版社，2005：113.

王怀中.山西关隘大观[M].济南：山东画报出版社，2012.

王小圣.阳城史话[M].太原：三晋出版社，2010.

成欣太.阳城特产[M].太原：三晋出版社，2010.

二、专著文献

冯小琦.故宫博物院藏中国古代窑址标本·山西、甘肃、内蒙古[M]//冯小琦.山西地区古代瓷窑研究.北京：故宫出版社，2013：346—358.

谢明良.陶瓷手记——陶瓷史思索和操作的轨迹[M]//谢明良.唾壶杂记.上海：上海古籍出版社，2013：17—31.

谢明良.陶瓷手记——陶瓷史思索和操作的轨迹[M]//谢明良.关于玉壶春瓶.上海：上海古籍出版社，2013年：32—50.

上海博物馆.上海博物馆集刊·9[M]//张东.瓷质唾壶、渣斗考辨.上海：上海书画出版社，2002年：203—213.

山西博物院.《春华集：纪念山西博物院九十周年学术文集》[M]//李勇.山西怀仁窑"都酒使司"鸡腿瓶考述.太原：山西人民出版社，2009：

140.

乔登云.追溯与探索:纪念邯郸市文物保护研究所成立四十五周年学术研讨会文集[M]//秦大树.论磁州窑的白釉绿彩装饰及其源流.北京：科学出版社，2007：317—331.

中国古陶瓷研究会.中国古陶瓷研究·第六辑[M]//蔡毅.关于梅瓶历史沿革的探讨.北京：紫禁城出版社，2000：89—95.

中国古陶瓷研究会.中国古陶瓷研究·第六辑[M]//任志录，孟耀虎.山西近年出土的梅瓶.北京：紫禁城出版社，2000：170—173.

上海博物馆.中国古代白瓷国际学术研讨会论文集[M]//孟耀虎.介休窑白瓷品质.上海：上海书画出版社，2005：333—348.

中国古陶瓷学会.中国古陶瓷研究·第十六辑[M]//孟耀虎.宋金介休窑瓷器装饰——以画、剔、划、戳刻、印为中心.北京：紫禁城出版社，2010：397—414.

中国古陶瓷研究会.中国古陶瓷研究·创刊号[M]//李毅华，杨静荣.窑神碑记综考.北京：紫禁城出版社，1987：46—70.

中国古陶瓷学会.中国古陶瓷研究·第八辑[M]//李建毛.祭窑与窑神庙.北京：紫禁城出版社，2002：148—154.

山西省政协《晋商史料全览》编辑委员会.晋商史料全览·家族人物卷[M]//张惠民.阳城琉璃世家乔家.太原：山西人民出版社，2007：258—261.

山西省政协《晋商史料全览》编辑委员会.晋商史料全览·晋城卷[M]//靳虎松，李方华.泽州的陶瓷与琉璃.太原：山西人民出版社，2006.

政协沁源县文史资料办公室编.沁源文史资料·第4辑[M]//韩元理.解放前沁源工商业概述.1993年。

三、期刊文献

孟耀虎.邢窑刻款罐三件及其他[J].文物世界，2009（2）：45—47.

孟耀虎.缚取南山白额儿：金代长治窑虎枕[J].收藏，2010（8）：60—

61.

曹俊.志书所载山西陶瓷资料[J].沧桑，2013（6）：50—60.

河南省文物考古研究所、中国文物研究所.河南巩义市黄冶窑址发掘简报[J].华夏考古，2007（4）：106—129.

孟耀虎.晋城新发现一处古瓷窑址[J].文物世界，2004（4）.

秦大树.白釉剔花装饰的产生、发展及相关问题[J].文物，2001（11）：67—83.

索德浩.陶瓷枕的分类、演变及相关问题[J].文物春秋，2002（2）.

水既生.山西古代窑具及装烧方法[J].河北陶瓷，1984（4）：42—55.

刘金城.元代高足杯中折射出来的草原文化和农耕文明[J].南方文物，2012（2）：212—215.

陈万里.谈当阳峪窑[J].文物参考资料，1954（4）：44—47.

叶喆民.河南省禹县古窑址调查记略[J].文物，1964（8）：27—36.

刘涛.钧窑瓷器源流及其年代[J].文物，2002（2）：77—88.

李辉柄.钧窑的性质及其创烧年代[J].故宫博物院院刊，1982（2）.

吕成龙.故宫博物院钧窑学术研讨会综述[J].故宫博物院院刊，2014（1）.

师连枝.故宫博物院钧窑学术研讨会综述[J].许昌学院学报，2013（6）.

陈万里.谈山西琉璃[J].文物参考资料，1956（7）：28—35.

高寿田.山西琉璃[J].文物参考资料，1962（4、5）：73—79.

张惠民.阳城乔氏琉璃[J].文物季刊，1992（4）：80—82页.

任志录.天马——曲村琉璃瓦的发现及其研究[J].南方文物，2000（4）：44—46.

徐超英.北京故宫藏明代山西琉璃初探[J].历史档案，2009（3）：125—127.

汪永平.明代建筑琉璃（二）[J].古建园林技术，1988（4）：5—7.

李清临.中国古代玻璃与琉璃名实问题刍议[J].武汉大学学报：人文科学版，2010年（5）：626—630.

赵永.琉璃名称考辨[J].中国国家博物馆，2013（5）：63—72.

叶喆民.古物探研二则[J].故宫博物院院刊，1996（4）：84—89.

叶喆民.两件著名宋代瓷枕的鉴赏与辨误[J].美术观察，1999（6）.

刘涛.珍珠地划花瓷器的类型与年代[J].中原文物，2002（3）:62—70.

刘涛.珍珠地·白地黑花·红绿彩——<宋辽金纪年瓷器>补正三则[J].收藏，2015（7）：54—65.

傅振伦.跋宋德应侯庙碑记两通[J].文献，1983（15）：233—238.

叶喆民.窑神碑"柏林"问题考释[J].景德镇陶瓷研究，1983（21）：177—180.

刘毅.陶瓷业窑神崇拜述论[J].景德镇陶瓷研究，1997（3）：28—35.

刘志国.磁州窑瓷枕诗情画意赏析[J].陶瓷科学与艺术，2003（2）：54—56.

李文仲.鹤壁的窑神碑——柏灵桥碑[J].鹤壁文史资料·第12辑，2008：174.

阎飞.窑神崇拜的比较[J].南京艺术学院学报：美术与设计版，2009（6）：126—128.

刘毅.陶瓷业窑神再研究[J].文物，2010（6）：49—58.

朱英.中国行会史研究的回顾与展望[J].历史研究，2003（2）.

四、学位论文

王万志.金代山西区域文化.吉林大学硕士学位论文，2006.

樊桂敏.中国古代琉璃瓦初探.南京大学硕士学位论文，2011.

赵旻.唐至元陶瓷枕的形制研究.吉林大学硕士学位论文，2010.

赵晓芳.中国古代瓷枕初步研究.内蒙古大学硕士学位论文，2014.

刘岩.河南修武当阳峪窑分期研究.北京大学硕士学位论文，2005.

五、报刊

孟苗.泽州柳树口镇发现金、元时期钧瓷窑址.山西日报，2009年11月12日.

大同将建北魏寺庙遗址博物馆再现郦道元笔下云冈胜景.山西青年报，2011年1月13日.